◆中华传统美德修养文库◆

百折不挠

徐潜　栾传大　主编

吉林文史出版社

图书在版编目(CIP)数据

百折不挠 / 徐潜,栾传大主编. ——长春:吉林文史出版社,2008.4（2021.11 重印）

（中华传统美德修养文库）

ISBN 978-7-80702-855-0

Ⅰ.①百… Ⅱ.①徐… ②栾… Ⅲ.品德教育—中国—通俗读物 Ⅳ.D648-49

中国版本图书馆 CIP 数据核字(2008)第 051291 号

丛 书 名　中华传统美德修养文库

BAIZHEBUNAO

书　　名　百折不挠

主　　编　徐　潜　栾传大

选题总策划　徐　潜

项目负责　王尔立

责任编辑　张雅婷

责任校对　李洁华

装帧设计　韩璘工作室

出版发行　吉林文史出版社

地　　址　福祉大路出版集团A座

网　　址　www.jlws.com.cn

印　　刷　三河市燕春印务有限公司

开　　本　690mm×960mm　1/16

印　　张　8

字　　数　50 千字

印　　次　2021 年 11 月第 10 次印刷

书　　号　ISBN 978-7-80702-855-0

定　　价　30.00 元

总　序

中国是礼仪之邦，是世界四大文明古国之一，有唯一历史发展不曾中断的记录。从公元前841年西周共和年代起迄今3000多年中所有的历史事件都有文字记载。在悠久的历史进程中积淀了丰富的文化遗产，形成了厚重的中华传统美德，至今仍滋润着她的子孙。在改革开放的新形势下，我们大力弘扬中华民族传统美德和优秀的人格修养，对于提高全民族的精神文化素质，提升国家的软实力，具有深邃的价值和深远的影响。

首先，它有利于协调人际关系。“和为贵”是中华美德的基本信条之一，建设社会主义和谐社会首先就要处理好人与人之间的关系，改善社会风气，使整个社会洋溢着和睦、和谐的氛围。这也是中华民族绵延几千年不断发展进步的重要思想基础。

第二，它有利于培养民族精神。“自尊，自立，自强”是中华民族的传统精神，民族精神是一个民族赖以生存和发展的精神支撑。中华民族之所以历经各种各样的磨难，仍然能够不屈不挠、昂首挺胸地走过来，就是因为以爱国主义为核心的团结统一、爱好和平、勤劳勇敢、自强不息的伟大民族精神在支撑、推动着我们民族的进步和发展。

第三，它有利于推动社会进步。“大同”社会是中华民族的传统理想，几千年来，中华民族传统美德促进了中国社会的文明与进步，使我国保留了令世人瞩目的灿烂文化。从原始社会、封建社会到近代社会，再到建立社会主义制度、推进社会主义现代化建设的今天，中国之所以能够不断发展进步，中华民族传统美德和优秀的人格修养发挥了重要的引领和推动作用。

中华民族的传统文化源远流长，是中华民族的灵魂，其精髓就是中华民族传统美德和人格修养。这是我们民族世世代代传承下来的瑰宝，几千年来不同时代先辈们身体力行，生生不息，中华民族传统美德深深植根在中华儿女的心里，融进血液中，也是现今中国人言行的准则，成为我们民族能够屹立于世界民族之林的重要根基。

今天，我们的祖国前进在改革开放与建设社会主义和谐社会的征程上，八面来风带来了全球各国的文化传统和社会价值观，信息传输手段的多元化以及国际交流日益频繁等，各种思潮和思想纷纷涌入国门，中华传统美德和人格修养也面临着能否与时俱进、继续在当代中国人的精神家园中占据主流地位的挑战。2006 年 3 月，党中央提出了"八荣八耻"的社会主义道德观和价值观，党的十七大又提出了"弘扬中华文化，建设中华民族共有精神家园"的方针，从历史与现实结合的高度充分肯定了中华传统美德和人格修养的历史价值，也表明了弘扬传统美德和人格修养的重要意义。

本书以讲历史故事的形式生动形象地按类讲述中华传统美德的经典事例，寓道理于故事之中，化物于无形，使青少年能在轻松愉快的阅读中潜移默化地接受美德的熏染，陶冶心灵,感受中华民族传统文化的博大精深,了解中华民族传统美德的根深叶茂,为是中华美德造就的现代中国人而自豪,更深刻地理解走有中国特色的社会主义道路的必然性。从而激发人们建设美好社会,建设美好家园,建设新生活的冲天豪情。

前　言

中华民族一向以勤劳智慧、百折不挠的精神著称于世。“路曼曼其修远兮，吾将上下而求索”正是这种精神的体现。

百折不挠是指要克服困难、不怕挫折。一个人在努力向前去实现自己的目标时，总会遇到许多困难，经受许多挫折。其实困难、挫折并不可怕，可怕的是在困难挫折面前丧失信心，失去前进的动力。“人要学会走路，也得学会摔跤，而且只有经过摔跤，他才能学会走路。”几千年来，中华优秀的儿女在漫长的历史进程中继往开来，前赴后继，用百折不挠的精神和斗志探求真理，研讨规律。“黄道婆革新纺织技术”、“徐光启格物穷理”、“王锡阐钻研天文历法”等，无不体现出勤劳智慧的中华民族那种百折不挠的开拓精神。

现在，我们在进行着经济建设和社会主义新农村建设等，同样面临着许多困难和问题，在新的考验面前，我们一定要勇挑重担，不怕困难，勇往直前，迎难而上。

人类的进步，社会的发展，离不开人去探索、发现、研究、革新，我们要树立百折不挠、求实创新的精神。用百折不挠的求索精神、实事求是的科学态度、勇于献身的高尚品质，不懈地去攻克科学堡垒。

目 录

沈括潜心钻研科学

沈括（1031—1095）字存中，北宋钱塘（今杭州）人。是中国乃至世界古代史上少有的多才多艺的政治活动家和杰出的科学家。

沈括的母亲精通文理，沈括从小就跟母亲刻苦学习，阅读了丰富的古代典籍，但他并不迷信书本，他善于独立思考，常常以自己的见闻去检验书本上记载的东西。书上讲错了，他就大胆怀疑，不管书的作者是圣贤之辈，还是什么别的权威。东汉时的大经学家郑玄，在为一本经书作注时，把“车渠”解释为“车轮的外围”。沈括在东海之滨看到有一种贝类动物，大的有簸箕那么大，当地的人们称之为“车渠”。因此，他断定郑玄的注释是错误的。

在读书和实践的过程中，沈括善于独立思考，并且不时地提出自己的主张和见解，为了弄懂一门科学，他往往要花费几年十几年，甚至几十年的时间。他考中进士不久，就开始自学天文、历法，后来主持司天监的工作，更加刻苦地进行天文观测。他主持司天监工作时间，力主在实测日、月、五星行度的基础上改进历法。他亲自推荐和积极支持精于历术的淮南人卫朴进行改历工作，于1704年修成了奉元历。沈括对五星运行的轨迹和陨石坠落时的情景，均作过翔实而生动的描述，这是他进行认真仔细观察的结果。为测验极星与天极的真切距离，他亲自设计了能使极星保持视场之内的窥管，并用它连续进行了三个月的观测，每夜观测三次，一共画了二百多个观测图，进而得到了当时的极星“离天极三度有余”的结论。沈括对晷漏进行了长达十余年的观测和研究，获得了超越前人的见解，如他第一次从理论上推导出冬至日昼夜一天的长度“百刻而有余”，夏至日昼夜一天的长度“不及百刻”的重要结果。沈括坚持了“月本无光”，“日耀之乃光耳”的科学认识，并用一个圆球，将其一半用粉涂抹，侧视的

时候，有粉无粉的分界处呈现出钩一样的形状，正视的时

候，就呈圆卷状，形象地演示了月亮盈亏的现象。

沈括十分重视观测手段的改进，熙宁七年（1074）七月，他向朝廷进呈了自己研制的浑仪、浮漏、影表三种仪器，分别对测量天体位置、时间与日影长短的三种天文仪器，提出了经过深思熟虑的改进意见和设计方案，此举对于观测精度的提高，大有裨益。

针对传统的阴阳合历在历日安排上的缺欠，沈括大胆

地提出了自己的建议，他主张使用与农业生产关系密切的十二气历，即以十二节气为一年，以立春为一年之始，大尽三十一日，小尽三十日，一大一小相间，即使有两个小月相连，一年里只有一次。这样就可以做到“年年齐尽，永无闰余”，而把传统的月相变化的内容仅作为历注书名。沈括这一建议既简便又科学，比起现行的公历——格列高利历还要合理。沈括的建议在当时未被采用，反而招致了一些人的不同寻常的责骂，但他相信在以后的岁月里会有采用他的建议那一天的。果真在其后八百多年，英国气象局的确使用了与十二气历十分相似的萧伯纳历，用于农业气候的统计。

在数学方面，沈括的研究课题有“隙积术”和“会圆术”等。“隙积术”是求解垛积的问题，这属于高阶等差级数求和问题。对此，沈括创立了一个正确的求解公式，并开辟了一个数学研究的新方向。“会圆术”是一个已知弓形的圆径和矢高求弧长的问题，沈括推导求得弓形弧长的近式公式，元代王恂、郭守敬等人授时历中的“弧矢割圆术”就利用了这个公式。

沈括在物理方面的成就是多方面的。在对于磁学的研究上，他对指南针四种装置的明确记述和所进行的优劣比较，说明他是亲自进行一番观察和实验的。他发现磁针“常微偏东，不全南也”的现象，这是关于磁偏角的最早记载，比西欧的记录要早四百年左右。沈括还曾认真地做过凹面镜成像的实验，得到了较《墨经》前进一步的结果。对于中国古代光学杰作透光镜，沈括也进行了细心观察和研究。沈括以铸镜时冷却速度不同来解释，虽然不一定符合历史事实，但他的探究的精神，是值得称道的。沈括又曾做过用纸人进行共振现象的实验。他剪一个小纸人，放在基音弦线上，拨动相应的泛音弦线，纸人就跳动，弹别的弦线，纸人则不动。这个实验比欧洲人所做的类似实验要早好几个世纪。

在地学方面，沈括也有独到的探索和研究，做出了不少贡献。1074 年 4 月，沈括到浙东地区察访，看到“峭峻险怪、上耸千尺、穹崖巨谷”的雁荡山诸峰的地貌景观，明确地提出了流水侵蚀作用的自然成因说。他还认为我国西部黄土地区“立土动及百尺，迥然耸立”的地貌特征，也是同一原因造成的，为这两个不同地区的地貌情况提供了科学的说明。同年秋，他到河北察访，发现太行山麓之间，往往衔有螺蚌壳以及圆滑如鸡蛋的石头，横亘的石壁像带子一样绵延整齐。他就说：“这是从前的海滨。”他进一步提出华北平原是由于泥沙的淤积而造成的，这些都是沈括独到的见解。公元1076年，沈括接受了编制《守令图》的任务。当时，他因受诬被贬，住在湖北随县的一所庙里。在三年的时间里，寒冷、潮湿和寂寞，都没有使他屈服。他不断地修补没有画完的地图。后来遇赦，移居浙江，他在途中实地考察了湖北、江西两省的部分地区，获得了修补地图的第一手资料，改正了旧地图上的错误。1087年，终于完成了由二十幅地图组成的地图集，其中最大的一幅高一丈二尺，宽一丈。图幅之大，内容之详，在历史上是罕见的。

沈括一生大部分时间在朝廷为官，但实质上是一生为科学事业而忘我地探索着，奔波着。他58岁退出官场，但他仍继续着始终为之奋斗的事业。他隐居在润州丹德县的梦溪园，砥砺斗志，奋笔疾书。经过八年的努力，将自己一生所见所闻及研究心得以笔记文学的体裁写成了《梦溪笔谈》这部内容涉及天文、数学、物理、化学、生物、地质、地理、气象、医学、工程技术、文学、史学、音乐和美术的著作。其中自然科学部分，总结了我国古代，特别是北宋时期的自然科学成就，详细地记载了古代劳动者在科学技术方面的贡献，是世界科技史上的一份宝贵遗产。沈括那种勇于求索、敢于超越前人的攻坚精神也是人类的一份珍贵财富。

郑樵编著《通志》

郑樵（1103—1162）字渔仲，号夹漈，福建兴化人，是南宋初年的著名史学家。他所撰述的《通志》，是继司马迁之后纪传体通史的续作，对封建史学的发展产生过重大影响。

郑樵出身于世代仕宦家庭，自幼资质和常人不同，而且勤奋好学，记忆力特别强。自少年时代起就立下志向，“欲读古人之书，欲通百家之学，欲讨六艺之文而为羽翼”表现出宏大的气识和志量。他对宦途并不热心，父亲亡故后，便和弟弟到城北郊的夹漈山，因陋就简，修筑三间草堂，一起切磋学问，过着怡然自得的山林生活。常常是“寒月一窗，残灯一席”。他白天整理简册，晚来观察星象，爱惜每一寸光阴，不敢虚度岁月。他带着批判的眼光去读书，随着知识的积累，他发现前人的著述有许多错舛和疏漏，尤其重要的是，他对唐代儒学大师的繁琐注经办法和宋儒的主观臆断有了新的认识，他认为唐儒繁琐失义，宋儒只尚空谈，他要集天下之书为一书，写出一部有益于后世贯通古今的通史。由于家道败落，生活越来越困窘，但无论是风晨雪夜，还是厨无烟火，他都记诵不休，执笔不绝。为了实现理想，他奋斗了三十年左右，历尽艰辛，以顽强的毅力，有计划地坚持实践。这期间，有人三次举荐他为“孝廉”，两次推举他为“遗逸”，他都不动心。他把整个身心全投入到著述中。就是这样，他终于著成了长达二百卷的《通志》。

《通志》是继司马迁《史记》以后又一部贯通古今的纪传体通史。在体例上，除纪、传和以前纪传体史书相同外，“谱”即相当于各史的“表”，“略”相当于各史的“志”，“世家”仿《史记》，“载记”仿《晋书》，文字大多袭用旧史。其中的“二十略”是全书的精华，一向为史家看重。这二十略包括：氏族、六族、七音、天文、地理、都邑、礼、谥、器服、乐、职官、选举、刑法、食货、艺文、校雠、图谱、金石、灾祥和昆虫草木，以此把历代典章制度、学术文化分门别类地加以记载，逐一阐述其源流演变，且提出了一些新见解。真可谓“网罗宏富，体大思情”。若是没有广博的知识和独到的学识，何以至此？

郑樵为了广泛地占有材料，四处求访藏书，遇到有藏书的人家，便留下来仔细阅读，直到读完才离去。经过十多年的辛勤寻访，获得了丰富的文献资料，为进一步研究和著述打下了坚实的基础。他尽览典籍，却不迷信前人成说，他研究《书经》是从校对今古文《尚书》入手；研究《诗经》，则认真辨别鲁、齐、韩三家诗的差别；研究《春秋》也是从三家所传的异同入手，从文字歧异发现问题，经过考订，择善而从。他还主张写“通史”，因为只有通古今变化，才能资鉴现今。郑樵除了关注书本外，还注重实地考察。他在夹漈山研读时，便时常“与田夫野老往来，同夜鹤晓猿杂处，不问飞潜动植，皆欲究其性情”。

正因他有如此严谨的治学方法，正因他有几十年如一日的坚强毅力，才造就了他的博大学识，在历史学和文献学方面作出了杰出的贡献。

李杲倡导“脾胃学说”

李杲（1180—1251）字明之，南宋真定（今河北省正定县）人，晚年自号东垣老人。是中国古代金、元之际的杰出医学家。

李杲勤奋好学，勇于探索，对《内经》、《难经》等古典医学书籍都认真学习，并做了深入的研究，获得了丰富的实践经验，对中医学理论有较深的造诣。他一生除了深入研究医学典籍，精心习医和忙于诊务外，还著有《伤寒令要》、《兰室秘藏》、《内外伤辨惑论》、《脾胃论》等医学著作，特别是《内外伤辨惑论》、《脾胃论》两书，对中医学术的发展影响很大，受到后世医家的广泛重视。

李杲富有创造精神，师古而不泥古，不墨守成规。对前代医家的学说，总要在亲身实践中加以检验。他结合自己几十年的医疗实践，创造性提出了“脾胃学说”。他认为人体的强壮康健，各个组织器官的活动功能，都必须有相应的营养物质作为基础。而机体各种营养物质的来源，最重要的是依赖“脾胃”的不断摄取和消化饮食物转化而成。因此一旦脾胃功能受到伤害，就要发生疾病。体质虚弱的人在患病之后，由于脾胃功能低下，机体所需要的各种营养物质生化无源，机体各组织器官也相应低下，协调作用也差，治疗就比较困难，并能使疾病转成慢性疾病。所以他创造性地提出了人以脾胃为本和“内伤脾胃，百病由生”的学术观点，在治病用药方面强调调理脾胃。这种学说，对于“头痛医头，脚痛医脚”的机械治病方法无异是一种批判。

李杲对导致脾胃功能受损，造成体质虚弱的原因，归纳为劳役过度，饥饱失常、寒温不适和长期的过度精神紧张、恐惧。这种把精神情感方面的变化作为发病重要因素的观点，不仅在当时是一个重大发展和突破，而且从现代发病学的观点看，也是很值得重视的。

现在不少医家、医著、科研单位，不仅注释了李杲的《脾胃论》等医学著作，而且在研究脾胃的生理、病理现象方面也更加深刻了。但追根溯源，还是在《脾胃论》等理论的基础上发展和深化的。

李杲之所以能取得如此重大的医学突破，是和他一丝不苟，刻苦钻研的探求态度密不可分的。他对每一病例，都深究始终，并且进行了大量的记录。《脾胃论》一书，是他在去世的前两年写成的。当时他是年已古稀的人了，并且身体特别虚弱，尽管如此，他仍然不舍昼夜地翻阅书籍和整理浩繁的医案，着实有些“烈士暮年，壮心不已”的劲头。《脾胃论》是他一生心血的结晶，也是他执著探求精神的凝聚。

宋慈与《洗冤集录》

宋慈（约1186—1249）字惠文，建阳（今属福建）童游里人，是南宋著名的法医学家。

宋慈自幼勤奋攻读，好学不倦，善于推理，长于思辨。入太学后，成了理学家真德秀的学生。宁宗嘉定十年(1217)，宋慈登进士第。他曾任长汀县令，当时长汀一带盐价昂贵，贫民无力食盐，贫民们时常为了生活，铤而走险，猎取私盐。针对这种情况，宋慈认为，盐价昂贵的主要原因是运途远、运价高，于是，他改变了运盐的路线，直接从广东潮州起运，节省了大量的运费，从而降低了食盐价格，杜绝了贫民赌命猎取食盐的行径。端平二年

(1235)，宋慈被任命为邵武军（今属福建）的通判，不久又改任南剑州通判，当时浙西闹饥荒，一斗米价值万钱，宰相李宗勉向宋慈征求如何救济的意见，宋慈认为，豪门大户，隐匿户口来逃避国家的税收，并且整天在家里囤积粮食，以备牟取暴利。这样，贫苦的百姓不仅要为豪门大户承担税务，还要高价去购买大户的粮食，所以就备受饥荒之苦了。他主张把民户分为五等。第一等民户要一边免费救济贫民，一边把粮食平价卖给贫民，第二等民户可直接把粮食平价卖给贫民，第三等民户可保持原状，第四等民户可接受救济贫民粮食之半，第五等贫民，可完全接受救济，这些民户的救济粮由官府发给。实行的结果很好，大家都愿意奉命而行，百姓很少有挨饿的。宋慈逢事总愿不断地思索直到考虑出比较完善的对策才罢手，因此，不管遇到多么棘手的问题，他都能给予妥善的处理，在他为官处理政务的过程中，这种执著的求索精神一直在发扬着。

嘉熙元年（1239），宋慈充任广东提点刑狱。这是宋慈四任提刑中的第一次。宋慈一到任所，就调查研究，注意如何解决存在的问题。他认识到清理多年不断的积案，

是身为提点刑狱这样的监司大员施行职权的当务之急。当时广东由于长期以来官吏多不奉公守法，所以监狱中有很多被囚禁多年而没有得到法律公断的人。宋慈立下规约，审阅处理，限期清除积案。最后，经过了八个月时间，解决了二百多待决之囚。同时，他以监司的身份，深入下层，详细调查，询问隐情，到处为那些蒙受不白之冤的人雪冤，禁止扰乱治安的违法行径。经过了一段时间，宋慈又从广东移至江西，任江西的提点刑狱，兼任赣州的知州，解决了江西、福建、广东之间边境上的武装贩盐问题，使这些地区道路通畅，秩序安定。南宋政府还把宋慈所行关于处理食盐的办法颁下浙西诸路，作为效仿的模范。

宋慈在长期担当提点刑狱的监司重任中，多年如一日地谨慎处理各种狱案。他认为“天下没有比保护生命更重要的事情，没有比死刑更严酷的刑罚，在有关死刑的案件中，没有比究查初情更值得重视的”。他处理每一件案子，事先都把案子前前后后的情况摸个一清二楚，一人的证词要反复核实，出之众口的供词，也要加以反复核实，凭确凿的事实，依法断案，而不单凭现有的供词与律条的简单对应来定案。因此，在深究严察的过程中常常使那些幕后的身为豪门大姓的人受到法律的制裁，也常常使已结多年的冤案重新昭示于世。金钱的诱惑他不动心，恶相的威胁和繁琐的案情他不畏难，他关注的是断案的公正，他极力探求的是案情的真实面貌。他每审理一案，都审之又审，不敢使自己产生一点漫不经心的轻视情绪。

他根据自己在四任提点刑狱期间多次的审案和执法检验时的现场经验，综合了《内恕录》等数种专书，于1247年写成了《洗冤集录》一书。全书共五卷，卷一载条令和总说，卷二验尸，卷三至卷五载各种伤、死情况。《洗冤集录》记述了人体解剖、检验尸体、检查现场、鉴定死因、自杀或谋杀的各种情况、各种毒物和急救、解毒的方法等十分广泛的内容。书中对于自杀、他杀或病死的区别十分注意，案例详明。如对溺死与非溺死、自缢与假自缢、自刑与杀伤、火死与假火死等都详细地加以区分，并列述了各种猝死情状，书末附有各种救死方。这部书中所记载的女洗尸、人工呼吸法、夹板固定伤断部分、迎日隔乎验伤以及银针验毒、明矾蛋白解砒毒等等都是符合科学道理的。此书后来成为后世法医著作的主要参考书。自晚清以来，逐渐传到国外，译成将近十种文字，成为世界伟大的和最早的法医著作。

《洗冤集录》这部世界著名的法医学专著是宋慈严谨求实，不断探索取得的，他知难而进，探流索源的意志和精神是值得我们学习的。

郭守敬钻研求索

郭守敬（1231—1316）字若思，河北邢台人。他是元代杰出的科学家，一生研究出大量的科学成果，在中国乃至世界科学史上占有重要位置。

郭守敬从小刻苦学习，遇事善于思索，勤于实践。在他十五六岁时，他得到了一份古人用仪器观测到的日月星辰景象的“璇玑图”，他被吸引住了。他不但认真地阅读了这份图，还亲自动手用竹篾制造了一台浑天仪，修了一个安放这个浑天仪的土台，直接观测天空星辰的位置。

后来，郭守敬以其才学得到了元朝统治者的重用，郭守敬负责仪器制造和天文观测。首先，他和王恂等人亲自主持了编订新历的工作。经过多年辛勤努力，1280 年，新历告成，被定名为“授时历”，并于次年正式颁行。郭守敬在负责仪器制造过程中，对旧的天文仪器逐一进行检查，并与工匠配合，研制成了十多种天文仪器，其中有许多仪器在当时都是居世界领先地位的。

圭表测影技术，在当时有了明显的进步。为了克服表端的影子因日光散射而模糊不清的问题，郭守敬创用了四丈高表，为传统八尺圭表的五倍。自北宋起，制造的浑仪特别多，为了测量各种不同坐标值的需要，浑仪上增设了越来越多的环，其固定的装置，有地平、子午、天常等环，能够旋转的环有白道、赤道、黄道环等。以致八九个圆环遮掩了很大的天区，使用起来很不方便。并且这样多的环放在一个共同的中心上，校正起来也很困难。北宋的沈括取消了白道圈。郭守敬借鉴了沈括的做法，在沈括的基础上，又取消了黄道圈，并创造性地设计和制造了著名的简仪。简仪改变了测量三种不同坐标的圆环集中装置的方法，把它分解为两个独立的装置（即赤道装置和地平装

置），从而简化了仪器结构，保留了四游、百刻、赤道、地平四环，增加了立运环。这样，除了北天极附近的天区外，对绝大部分天区一览无余。郭守敬又在窥衡两端圆孔中央各置一线，增加了观测的准确性。为了观测赤经差，又在赤道环面上安装了两条界衡，界衡两端用细线极轴与北端连接。这样测量的精确度又大大提高了。郭守敬还在赤道装置上放置一个候极仪，使候极仪轴线和极轴平行，可以随时校正赤道装置。他又将一个固定的地平环和一个直立可转的立运环以及窥衡构成的一个地平装置。这是中国天文仪器中第一次出现的一个独立的地平经纬仪结构，能同时测量地平经度和高度，当时称之为“立运仪”。

郭守敬是一位著名的天文仪器设计制造家。除了圭表、简仪、立运仪以外，著名的还有用于观测太阳位置的仰仪、可以自动报时的七宝灯漏、观测恒星位置以定时刻的星晷定时仪以外及水运浑象、日月食仪、玲珑仪等。仰仪是根据和利用小孔成像原理，在一坐仰放着的中空半球面仪器内用十字杆架着一块有小孔的板，孔的位置正在半球面的中心。太阳光经过小孔，在球面上就形成太阳的倒像。从球面上刻的坐标网立刻可以读出太阳的位置和当地当时的真太阳时。而当日食时还可以观测日食的食分、各食象发生的时刻及日食时太阳所在的位置。对月亮和月食也能进行类似的观测。这块有小孔的可以转动的板称为璇玑板，它很可能就是用来检验交会的日月食仪。郭守敬的杰出创造，把我国古代天文仪器的制造推到了一个新高峰。

郭守敬还是一位著名的天文观测家，除了对恒星位置进行观测外，他还组织了一次空前规模的测地工作，在北京、太原、成都、雷州等二十七处设立了观测所，测量当地纬度，由南海到北海（15°— 65°），从西沙群岛至北极圈附近，每隔十度设一观测台，测量夏至日日影长度和昼夜长短，观测站数比唐代多了一倍，获得了丰硕的成果。对于一系列天文常数也都进行了测量，如1280 年冬至时刻的精密测定，测定当年冬至太阳位置，测定当年冬至月离近地点距离，测当年冬至月离黄白交点距离，测定二十八宿距星度数（精度比北宋时提高一倍），测定北京二十四节气日出日入时刻等等，也都取得了重要成果。

郭守敬还是一位政绩卓著的水利工程专家。他曾主持了若干重要的水利工程，如修复唐来、汉延等渠，增辟大都水源，修浚通惠运河等。其中唐来渠、汉延渠等都在黄河上游，唐来渠全长四百里，汉延渠全长二百五十里，及其他大小渠道，其溉田九万多顷，对西北地区的农业生产发挥了重大的作用。他在渠口设滚水坝，又设若干退水闸，这是一套比较完善的闸坝设计方式。郭守敬还在大都西北设计修筑了长三十公里的白浮堰以解决通惠河的水源问题，并修建闸门和斗门若干座以维持通惠河的水位，从而保证了来往船只的通航。在这些水利工程活动中还充分表现出郭守敬也是一位杰出的地理学家。他的水利工程设计都是以他自己的实际地理勘测资料为基础的，他曾对今河南、山东一带黄河附近几百里的区域进行过细致的地形测量，绘制了多幅地图。他曾经亲自上溯黄河，考察河源。他还发明了以海平面为标准来比较大都和汴梁地行高下之差的方法。这是地理学中一个重要概念——“海拔”的始创。他在通惠河上游河道路线选择中所表现出来的对于地形测量的精确性至今还引起学者们的赞赏。

郭守敬一生不懈地钻研探索，取得了丰硕的科学成就。他在天文和水利等方面的研究中，勇于实践，注重实测，大胆创新，对推动中国科学技术的发展作出了巨大的贡献。郭守敬以其重大的科学贡献为中华民族赢得了荣誉。

王祯研究成果甚丰

王祯字伯善，山东东平人。是元代杰出的农学家，也是印刷技术的改进者。

王祯少年时，一边学习，一边从事农业生产劳动。他对有关农业生产的知识和技术有较为浓厚的兴趣。后来做了官，也仍然关注着农业生产的情况。元贞元年至大德四年（1295—1300），王祯在旌德、江西永丰任县官时，提倡农桑，注意公益。一有闲暇时间，不是从先代典籍中收集有关农业生产及农械革新的材料，就是到田间观察庄稼的长势，到百姓家询问农业生产的具体情况。他主张要注意改良品种，改革农具，他认为，如果不在改进农业生产技术方面多下工夫，单是被动地接受天时、地利，要想提高粮食产量是很难的，如果不能积累粮食，遇到荒年歉收，百姓就要受饥饿之苦，那些到了死亡边缘的贫民，为了生存就会铤而走险，攻打官府，抢掠财物，到那时，要再想恢复安定的社会秩序，就要花十倍的气力了。因此，他把抓农业生产作为治理地方的关键。他综合了黄河流域旱田耕作和江南水田耕作两方面的生产实践经验，并结合自己对农业生产的认识和体会，写成了二十二卷约三十万字的农业生产著作《农书》。

王祯的《农书》分为三部分："农桑通诀"是总论性质，论述了农业生产发展的历史，基本思想是"以农为本"，综合天时、地利、人事方面的有利因素来发展生产。它概述了耕、耙、种、锄、粪、灌、收等农业生产的整个环节，以及泛论林、牧、纺织等有关技术和经验。"百谷谱"谈的是栽培技术，是农作物栽培各论的部分，分项叙述了各种大田作物，以及蔬菜、水果、竹木、药材等种植、保护等栽培技术以及贮藏和利用的方法。"农器图谱"篇幅最多，约占全书的百分之八十，是本书的一大特点。"农器图谱"是在宋代农器记载基础上的进一步记录。共附图三百零六幅，无论在数量上还是质量上，都是空前的。不仅当时通行的农业机械形象被记录下来，甚至古代已经失传的机械也经研究绘出了复原图。如西晋刘景宣的牛转连磨，一牛转八磨，东汉杜诗的水排等，王祯并在描绘的水排图中将皮囊鼓风改绘成当时通行的“木扇”，这为我国木风扇的出现提供了一个有力的佐证。《农书》还描绘了当时处于世界领先地位的农村所用的若干机械，如三十二锭水力大纺车，以及三锭脚踏纺车（棉纺），五锭脚踏纺车（麻纺）等。“农器图谱”展示了中国古代农业生产器具方面的卓越成就，后代的农书和类书所记农具的大部分都以《农书》为范本。王祯编著《农书》，是为了帮助和指导农业生产，这也是他一生对农业生产研究和探索的结晶。

王祯由于对农业机械的改进很有兴趣，渐渐地也变得关注其他方面的机械革新，不管哪个方面，王祯只要感兴趣，就一丝不苟地去钻研它。自北宋平民毕昇改进印刷术后，泥活字印刷便开始推广，到元代时已有了木活字。王祯看到排版者一范一范地摆字，很麻烦，他就想如果能用机械辅助，那将是事半功倍的事，经过反复琢磨和亲身实践，他设计制造出一种轮转排字架，活字依韵排列，排版时排字者坐着转动轮盘，就能找到需要的字。大德二年（1298）曾利用王祯发明的排字架排印了《旌德县志》。王祯还编著了《造活字印书法》，并将其附载在《农书》之末，这是最早的系统记载并叙述活字版印刷术的文献。

王祯关注农业生产，对农业生产的经验和技术进行了认真的钻研和探索，并依此而旁及其他方面，不仅在农业生产技术方面取得了成就，也取得了其他方面的研究成果。他的事迹告诉我们：自然科学的各方面是有着特定的内在联系的，只要执著地去钻研，很可能获得多方面的成果。

纺织革新家黄道婆

黄道婆，又称黄婆，松江乌泥泾镇（今上海县华泾镇）人。她是元代杰出的女纺织技术革新家。

黄道婆出生于一个贫苦的劳动者家庭，很小就帮助母亲纺棉织布，练出了一套好手艺。她听过母亲讲的很多神话故事，幻想能得到一台神仙赐给的织布机，要织多少，就能织多少。这样，就能减轻母亲的劳作，也能帮助邻居们。

幻想终归是幻想，神仙没有赐予什么织布机，生活倒是一天比一天困苦了。家庭生活实在维持不下去了，便给一个姓赵的人家当了童养媳。婆婆是个守财奴，整天让小小的她干重活，天真没有了，幻想没有了，有的只有疲倦和不尽的伤心。她忍受不了非人的待遇，逃到了尼姑庵，得名黄道婆。以后她几经周折，到了海南，跟黎家姐妹们学习先进的纺织技术，自食其力。就这样，黄道婆在海南

生活了三十年。

落叶归根，人思故土。尽管黄道婆幼小在故乡受尽了辛苦，但还是时刻不忘养育她的故土和乡亲们的困苦生活，决心回家去。

回到家乡的时候，父母早已过世，恶婆婆和丈夫也迁居到外地了。她决心把海南黎族先进的纺织技术传给大家。她找到工匠，按着海南的纺织机的样子，先做了一台“轧花车”，“轧花车”制好后，投入使用，车轮一转果然脱出了棉花籽。可是轧过的棉花中还夹着许多棉籽。她反复琢磨，终于弄明白了，原来海南黎寨是木棉，棉花桃大，棉花籽也很大，而家乡的棉桃小，籽也小。她经过多次试验，制成了一种新的“轧花机”，这种“轧花机”能将个小籽小的家乡棉桃中的棉籽全部轧出，一天能轧出七八斤棉籽，提高工作效率四倍。她为了使每台弹棉机每天弹出更多的棉花，改进了弹棉机，把一尺长的弹棉竹弓改成绳弦大弓。操作起来，既省力，又比从前弹的棉花多。在平时生活中，她发现劳动时手的用途比脚和腿的用途多，而且具体的操作都在手上，于是她想，如果能将手的操作改为脚的操作，就能腾出手来，将手运用到别的操作程序上，从而大大提高劳动效率。后来她把单锭手摇纺车改为多锭脚踏纺车……这一整套技术的改革及成果的应用推广，使松江一带的棉纺织业有了进一步发展，所出织物——“乌泥泾被”等，行销远近，成为江南棉织业中心。

时有“淞郡棉布，衣被天下”之谚。黄道婆死后，乡人怀念她，尊她为黄娘娘，建有“先棉黄道婆祠”。人们怀念她，是因为她的热心，她的探索，给人们带来了幸福。

吴又可专攻温病

吴又可，又名吴有性，姑苏洞庭（今属江苏苏州）人，生活在大约17世纪上中叶，明末医学家，温病学说形成的奠基人。

明朝末年，战乱频仍，疫病流行。崇祯十四年(1641)，吴又可亲自见到疫病在山东、江苏和浙江等省猖獗流行，很多人都染上了病，有的甚至全家都染上了病，一条巷子里一百多家，没有一家幸免，一家数十口人，没有一人活下来。当时，不少医家出于职业道德，热心地为病人治病，可是却错误地用治疗伤寒的方法来治这种疫病，结果白白死掉的人难以计数。事情过去很长时间，他还每时每刻深感那些可怜的病人没有死于疫病，反而死于医家之手的沉痛教训，决心对温病的成因、传染途径以及平日用过的验方做深入细致的研究和探索。

吴又可对先代医家的医学著作钻研之余，还经常冒着患病的危险亲自到传染病发生的地区进行采访、调查，并将所获得的第一手资料进行分门别类的研究。日积月累，积累了比较丰富的认识温病和治疗温病的经验。

吴又可是一位实事求是，一丝不苟的人，他反对因循守旧，富有革新思想。他认为先代医家张仲景虽写了《伤寒论》，可是只是针对一般外感风寒的，和瘟疫迥然不同。对于传染病的病因，他认为“既非风寒所致，也非湿热造成的，而是天地间一种不同寻常的气导致的”。对于所谓的“异气”，他又称为“戾气”，或“杂气”。他认为“戾气”的种类很多，只有某一种特点的“戾气”才能诱发出一种特定的疾病。他还进一步肯定“戾气”又是疔疮、痈疽、丹毒、发斑、痘疹之类外科和儿科病症的原因。这种把传染病的病因和外科、小儿科传染病感染疾患的病因，都看成是由于“戾气”引起的见解，对于外科、小儿科疾患感染的防治，具有重要的理论和实践意义。此外，在对传染病的治疗方面，他主张针对发病的原因而进行医治，他说“因邪而发热，但治其邪，不治其热而热自已。夫邪之于热，犹形影相依，形亡而影未有独存者”。他希望终有一日，能发明治疗各种病患的特效药。所有这些，都涉及到了现代传染病的各个方面。他所处的时代是17世纪，而他的成绩是在东西方都还没有应用显微镜来观察致病微生物的情况下取得的，这是了不起的科学成就。

吴又可根据自己长期对温病的观察和研究所取得的经验，写成了《温疫论》，书中提出了一整套有关传染病的新思想和新学说，为温病学说的形成奠定了基础。

吴又可的成就启示我们，在科学的领域里，前人的成就是应该尊重的，应该学习的，但不能满足前人已取得的成就，不能被前人所定的框框限制和束缚住。吴又可敢于跳出当时绝大多数医家所拘泥的张仲景的《伤寒论》的古法，跳出只在伤寒学的注释上转圈圈的窠臼。他猛烈抨击墨守伤寒成规的做法，把这种保守思想嘲笑为“指鹿为马”，“屠龙之艺”无所施的泥古不化的思潮。他这种善于思考，勇于突破前人框框的进取思想，是值得后人学习的。

潘季驯治理黄河

潘季驯（1521—1595）字时良，号印川，浙江乌程（今吴兴）人。是明代著名的水利专家。

嘉靖二十九年（1550），潘季驯考中进士，被任命为九江推官。后来，被破格提升为御史，旋即又任广东巡按使，推行均平里甲法。他到地方任职巡察时，注意百姓疾苦，对危害百姓生活的水旱灾害格外关注。他认为百姓衣食多取决土地之利，因土地遭受水旱灾害而难得收成，百姓便困窘不堪，轻则流落他乡，重则卖妻鬻子，铤而走险，社会也就不安定了，诉讼纷争，盗贼蜂起，就在所必然了。他平时还注意搜罗百姓以及前人治理水旱灾害的经验，以备急患。

嘉靖四十四年（1565），他被提升为右佥都御史，总理河道，他和朱衡一起商量筹划，开出了一条新河道。隆庆四年（1570），黄河在邳州、睢宁决口，很多人流离失所，他奉朝廷之命前去堵塞河决口处。万历五年（1577），黄河又在崔镇决口，他以右都御史兼工部左侍郎代为河漕尚书，带领士兵和百姓修筑堤坝，堵塞决口，为了加固堤防，他命人在堤坝的外围又修建了一道很长的堤坝。他治理黄河，常常亲自到各地考察地势。凡增筑设防，置官建闸，以至于木石材料，都加以悉心的筹理。由于长年的奔波，积劳成病。潘季驯先后四任河道总督，对黄河的治理卓有成就。他晚年把自己一生治理黄河的经历和心得著成《河议辨惑》、《两河管见》、《宸断大工录》等书，为后世治理黄河提供了借鉴。

以往治理黄河，大都采用分流的办法，即将黄河水的一部分引入其他河道，以减缓黄河的水势，降低灾情。潘季驯在治理黄河的过程中，认真地研究了水流性能和黄河的实际情况，针对黄河含沙量大的特点，认为治理黄河不应该采取“分流”的办法，分流的办法只不过是“就症而措，未得致患之理”。因为采取分流，则水势必然会减缓，水势减缓则更有利于泥沙的淤积，泥沙大量淤积则河床增高，水患跟踪即至。他主张以水治水，因为水势猛，就可以冲刷河道的淤积泥沙，不断地冲刷河道就深了。所以他提出一个新办法，就是加固加高黄河两岸的堤坝，使黄河水势迅猛，用水去攻泥沙。他说治河的方法，没有什么奇特的窍门，全在“束水归漕”，而束水的方法，只在“坚筑堤防”。为了御防河水溃决，他规定要设几道防线，即筑缕堤、遥堤、月堤和格堤四种（缕堤距河近，是第一道防线，缕堤内又筑月堤以止水；遥堤离河远，是第二道防线，格堤在遥堤内，以阻水流）。还规定在伏秋洪水暴涨的时候，要实行“四防”和“二守”。四防是“昼防，夜防，风防，雨防”，二守是“官守”与“民守”。潘季驯“以水治水”，并把防治结合起来，发展了前人治理黄河的经验。

“道法自然”、“异曲同工”，潘季驯治理黄河别出心裁的事实告诉我们，世界上没有放之四海而皆准的真理，也没有千古不变的教条，只要从实际出发，实事求是，勇于探索，那么，“长江后浪推前浪”，“青出于蓝而胜于蓝”，并非是可望而不可即的狂言诳语。

发展外科学的杰出医家陈实功

陈实功（1555—1636）字毓仁，江苏南通人。他是明代著名的外科学家，对外科学的发展起了重要的作用。

陈实功很小的时候就刻苦学习，他读了很多医药学方面的书。他对长辈文学家李攀龙关于“医之内外有别也，治外较难于治内。何者？内之症或不及其外，外之症则必根于其内也”的医学见解很感兴趣，他决定探索内科与外科的关系，尤其是外科的病理及医疗方法，于是从少年时代起就专门研究外科。四十年的探索历程中，他始终如一，刻苦努力，严格要求自己。他强调，无论内科、外科都必须勤读古代医学名著，要手不释卷，熟读消化，以达到灵活运用并能用其指导医疗实践而不致发生差错的目标。同时，他还指出：对当代有名的文学家、哲学家、医学家新编的医理、辞说，也必须广泛参阅，以增长学问和见识，这是做一个好医生所必备的基本条件。

由于不断实践，他在外科理论和外科手术方面都有独到之处。晚年的时候，他认为如果把自己多年积累的经验和体会留传下来，可能对后世医学多少有些补益。于是把外科大小诸症，分门别类地从病理、症状、治法、典型病理以及药物的炼制等一一记载下来，为了便于记诵，还编成许多歌诀。在万历四十五年（1617）写成了《外科正宗》。

《外科正宗》对大多数的外科疾病都首先综述各家的病因病理学说，详述其临床症状和特点，论述各种疾病的诊断方法和要领，指出出现何症为吉，出现何症为逆，出现何种症象为死候。然后介绍各种治疗方法、方剂或手术的适应症、禁忌症；指出何症宜内治，何症应外治，哪些病要进行外科手术方可治愈，并且大都附录了自己成功或失败治疗的病案。全书组织严密，科学性较强，是中国医学发展史上的一部重要著作，对外科学的发展有着很大的影响。

陈实功除了理论方面的贡献外，对外科疾病的认识和外科手术的创造也有独到之处。例如：他把鹤膝风（类似膝关节结核）附于骨疽（类似骨结核）条目下，以充分的论据指出二者类同的症候，相似的愈后，有区别的诊断要领和基本一致的治疗方法。他正确指出内服药和外用膏帖只有渐渐取效，没有成效就会造成痼疾。他承认自己还不能很快治愈这种骨关节结核病变的客观事实，显示了他实事求是的科学精神。

关于阑尾炎，虽然《内经》和汉代张仲景已早有认识，也创造了有效的治疗方法，但对阑尾炎发病的诱因和病机等还缺乏系统的认识。陈实功总结自己的临床观察所见，指出了阑尾炎的诱因和病机。他认为，男子暴急奔走，影响肠胃的消化转送功能，造成肠胃出血，浊气壅塞肠胃，容易发生阑尾炎；妇人产后体虚多卧，不能坐起活动，造成肠胃功能失调，也容易导致阑尾炎；饥饿、过饱、酒醉、饮食生冷、担负重物，都容易导致阑尾炎。他在《外科正宗》中所绘制的肠痈图，所标明的体表部位是很精确的。按其绘图测量，其部位在麦氏点和兰氏点之间。这说明他观察病人是非常细致的，洞察力和综合分析能力也是十分惊人的。

在内外科的关系上，陈实功强调外科医生不仅要掌握外科治疗技术，同时也要掌握内科知识。在护理方面，他强调要注意病人的饮食营养，反对无原则的饮食禁忌。他认为前代有些医家不分青红皂白，只要是创伤、疮疡，就要病人忌食鸡、鸭、鱼、肉等，这不但妨碍了病人的营养吸收，也降低了病人抗御外伤、修复疮疡的能力。

陈实功很重视外科手术。他反对轻视手术的保守疗法，主张内服药物疗法和外治手术并重，特别对脓肿一类疾病，强调尽早手术切开引流。为了减轻病人痛苦和缩短治疗时间，还在扩大治疗范围、创造手术器械和精心设计手术方法上作出了杰出的贡献。食道异物在没有现代食道镜应用前是一个棘手的疾患。陈实功发明的乌龙针为解决外科医生治疗这一疾患提供了较为科学的治疗器械。他指出：如果针、钉、鱼骨等异物在咽部，可从口内以乌龙针取出；若已到咽部以下，则用乌龙针送到胃内，以便大便排出。他还指出病人误吞针、钉、骨刺哽于咽部的时候，应设法从口内取出。方法是：用乱麻筋一团，搓龙眼大，以线穿系，留线头在外，汤湿急吞下咽，顷刻扯出，其针头必刺入乱麻团中同出。如不中，则再吞再扯，以出为度。这种方法在今天看来，是比较简单而原始的。但在三百多年前，能创造出这种比较科学的方法，设计出这样精巧的器械，则具有较高的科学价值。陈实功还在治疗脱疽（血栓闭塞性脉管炎）和摘出鼻痔（鼻息肉）方面进行了许多成功的探索。

陈实功所以能在外科学的发展中取得这样伟大的成就，与他一生刻苦钻研，重视基础理论，重视理论联系实际，不墨守成规等思想观点有着密切的联系。与他高尚的医德也是不可分的。陈实功平时以“五戒”“十要”要求自己。“五戒”的主要内容是医生不得计较诊金的多少；对贫富病人要平等对待；医生不得远游，不得离开职位，以免危急的病人因得不到及时的治疗而发生意外。“十要”主要是要求医生勤读先代名医确论之书，旦夕手不释卷，细心体会，使临症不会发生错误；对药物则一定要精选，绝不可粗制滥造等等。

陈实功是中国历史上一位杰出的外科医学家。清代名医徐灵胎对他的《外科正宗》有很高的评价，推荐为学习外科的教科书。现代一般外科中医师也都重视这部著作，把它作为必读之书。陈实功重视医学基础理论，提倡“治外必本诸内”的学说，反对轻视诊断，乱投药物，纠正外科易于内科的错误观点，对疑难病例据实客观分析，以及在外科疾病诊断、治疗、手术等方面敢于求索创新的精神，至今仍然值得我们借鉴。

徐光启格物穷理

徐光启（1562—1633）字子先，号玄扈，上海人。是明代杰出的科学家。

徐光启出身于一个小商人兼小土地所有者的家庭，早年从事过农业生产，对于土地的利用问题深有体会，他说："天下没有不可利用的土地，人们困蔽的原因在于怠惰无思，饱食终日，不肯处心积虑地去从事生产劳动，去求索致富的门路。"由于家乡常受到倭寇的侵扰，他也很注意学习兵书。他认为，古来万世，世事纷繁复杂，人们只要善于发现现实中的问题，鼓起勇气，百般求索，就没有克服不了的困难。在 20 岁到 40 岁期间，他先后以秀才和举人的资历在家乡和广东、广西等地以教书为业，阅读和研究了丰富的古代典籍，尤其是有关生产科学方面的知识，这为他日后进行科学研究打下了坚实的基础。他曾与耶稣会传教士利玛窦等人有来往，跟利玛窦学习了西方的天文、历算以及火器制造等方面的知识和原理。42 岁时在南京加入了天主教会。在他看来，儒教和佛教过于重视内心的修养和主观上对人生的领悟，所以，西方的天主教胜于儒学和佛教，便于学习和领会，而且天主教中蕴藉着一种分析研究事物的现象，探求事物内在联系的学问，即所谓“格物穷理之学”，他认为这种“格物穷理之学”的重要特征就是注重外在事功。天主教的这种独到的特征，使他最为神往。他认识到，反求内心，关注内心的儒学和佛教是虚学，而格物穷理之学才是实学，才更有助于国家的富强和民生的幸福安康。他思索的脚步已经触及到东西方两种不同文化特质的比较方面了。第二年，他进京考取进士，任翰林院庶吉士，正好利玛窦也在北京，徐光启就同他一起研究中西方的天文、历法、数学、地学、水利等学问。共与利玛窦等人共同翻译了许多西方科学著作，如《几何原本》、《测量法义》、《泰西水法》等，成为介绍西

方科学的先驱。他自己也编著了不少关于历算、测量等方面的著作，如《测量异同》、《勾股义》等。

徐光启从翻译西方科学著作的工作中，加深了对数学重要性的认识。他在与利玛窦合译《几何原本》序文中指出，数学所以成为一门最基本的科学，在于他是“众用所基”，能为许多学科所用，如天文、历法、水利、测量、声乐、军事、财会统计、建筑、机构、绘图、医学等等。可见，他已明确地认识到了凡有量的关系存在的地方，就必定要用到数学。

对于欧洲的天文学，徐光启颇感兴趣，这是因为欧洲天文学的特点是用严格证明的逻辑方法力求解释天体运动现象的所以然。徐光启掌握了欧洲天文学方面的知识后，每次预报天象都较其他人准确，所以名望和威信都很高。崇祯二年（1629），由于钦天监推算日食又发生了错误，徐光启才被任命主持明代唯一的一次具有重大意义的历法改革工作。这次历法改革是以西方历法为基础，工作虽然繁重，又有来自朝野上下保守势力的百般刁难和阻挠，但徐光启毫不畏惧，毫不气馁，他对这项工作做了通盘的精心的规划和安排，使整个工作进展比较顺利，崇祯六年（1633）编成了一部一百三十多卷的《崇祯历书》。这部书虽说是集体创作，却凝聚了徐光启本人大量的智慧和心血，全书大部分都经过了他的修改审阅。《崇祯历书》已开始接受近代天文学和数学的知识，突破了中国传统天文历法的范畴。

对科学技术方面的研究，除了天文、历算之外，徐光启用力最勤、收集最广的要算是在农业方面的研究了。因此，在他丰富的著述中也以《农政全书》最为重要。

《农政全书》是徐光启几十年心血的结晶，是一部集中国古代农业科技之大成的著作。全书共六十卷，五十余万字，分农本、田制、农事水利、农器、树艺、蚕桑、蚕桑广类、种植、牧养、制造和荒政十二项。《农政全书》转录了很多古代和农时代的农业文献，这部分可以说是前人成就的选编，很便于参考使用。徐光启自己撰写的有六万多字，虽然只占全书篇幅的八分之一，但都是他经过亲自试验和观察之后取得的材料写成的，所以科学性较强。他对前人的著作，不但是选录，也附有自己的见解或评论。如对《唐新修本草》注中所说菘（即白菜）北移都变芜菁，芜菁南移都变菘的错误，就以自己在家乡种植芜菁的实践说明芜菁不会变为菘，并解释了芜菁南移根变小的原因和在南方培养大根的方法。他不愧是一位注意探索自然规律的科学家。

徐光启在《农政全书》中写的专题部分，值得重视的有：在垦田与水利方面，他主张治水与治田要相结合。他曾在天津屯种实验，很有成效，他认为京师附近发展水稻等粮食作物的潜力很大，可以解决不必要的漕运问题。如果能够实现的话，南粮北调的矛盾就可以缓解。他在上海试种高产备荒作物甘薯后，证明在长江三角洲同样能生长良好。他非常注意选种，他说：“种植作物，选择好良种最为重要，最为关键，如果长期种植不良的种子，刻板化，单一化，就会使天时、地利和人力的大半都白白地废弃了。”对于保守思想和偏见，他以大量作物移植成功的事例指出：“如果认为作物的种植取决于适宜它的土地，是不可改变的，那是毫无道理的。”徐光启对蜡虫和蝗虫也很有研究，成为详细记述白蜡生活习性和蝗虫生活史的第一人。他研究蝗虫生活史的目的是为了灭蝗，在除蝗问题上所用的研究方法，也很为后人所推崇。

处处留心皆学问，不懈求索终有果。徐光启一生，不论是在童年，或是在壮年、老年，不论是为民，还是为官，都善于观察和发现问题，勇于实践，不懈追求和探索，身体力行，笔耕不辍，终获累累硕果。他是明代杰出的科学家，是具有近代思想气息的学者，也是中国历史上进行东西方文化比较的第一人。

徐霞客远游探险

徐霞客（1586—1641）名弘祖，别号霞客，江苏省江阴县人。是我国明末清初杰出的地理学家。

徐霞客的家乡江苏省江阴县位于当时商品经济（特别是纺织业）最发达、资本主义萌芽的长江三角地区，这里经济发展的新貌给人们以很大影响，这里的人们思想比较活跃。徐霞客的祖先当过大官，到他父亲这一代家境已中落，但他仍有一定田产。徐霞客从小读过很多书，最使他感兴趣的是那些记载山川、名胜和旅行的书籍，他很早就决心摒弃科举入仕的道路，立志游五大名山。他的母亲思想比较开放，她鼓励儿子应该外出增长见识，还特地为他

缝制了一顶远游冠，更喜欢听他旅游回来讲述所见的新奇事物和各地的风土人情，这对徐霞客献身于地理考察，也起了促进作用。

徐霞客一生博览了大量的古今地理学典籍，当他看到黄河的水域不及长江的三分之一时，就产生了为什么长江的源头短而黄河的源头长的疑问。他不满意前人写地理书多沿袭旧说、臆测附会的做法，决心通过自己的实地考察来认识祖国山河的真实面貌。

徐霞客的身体很好，了解他的人都称他“身健似牛，轻捷如猿”。正因如此，每逢登山，即使没有通向山顶的路径，他也能毫不费力地攀缘上去；每逢渡河，即使不由津口，他也能从容不迫地泳渡到彼岸；每逢探迹洞穴，即使坎坷曲折，他也能像轻猿系挂高枝、长蛇贴附岩壁那样深入洞内，查清各个洞的出口。他日行百里以后，还能在夜间把当天观察所得记录下来。

徐霞客对远游探险有极其浓厚的兴趣，他从 21 岁开始游太湖，到 54 岁（逝世前一年）从云南抱病回家时为止，几乎年年出去游历考察，足迹遍及华中、华东、华南和西南各省，也常常往来海上。早年的旅行，偏重登名山，游奇胜，搜奇览胜。51岁以后，注意力转到探索自然奥秘、揭示自然规律上来。

在远游四方的三十多年中，他不避艰险，步行数万里，到过十六个省、三个市。所到之处，对地貌、地形、物质、水文、气候、植被都做了深入细致的调查。他登山一定要登最高峰，下海一定要到海底，钻洞一定要钻到最深处，找水一定要找到源头。如对长江源头的考察，纠正了“岷江导江”的说法。他北历三秦，南及五岭，西出石门、金沙江，终于弄清了长江的上游不是岷江，而是金沙江。他曾考察过一百零一个岩洞。如对七星岩的考察，做出了详细的记录，其记录和今人对七星岩实测的结果完全一致。

在探索大自然的奥秘过程中，他经历了无数次艰辛。

在最初远游的日子里，他曾失足落水而差点丧了性命。登峭壁悬崖，苔滑、多险，多次陷于绝境。有一次，他和一个和尚、一个仆人结伴去云南，途中遇见了强盗，和尚被强盗用刀砍伤，很快就死去了，那个仆人吓跑了。但他没有动摇，意外地躲开那场祸乱之后，仍继续前行，终于到达了目的地。

徐霞客一生中最重要的也是最后一次旅行是50岁时从家乡出发远游西南。这时他的孙子已经3岁了，家中又有遗产，游历生活也过了大半生，学识文章也已得到了时人的赏识，在这种情况下，一般人就想在家里有儿孙绕膝的欢娱气氛中安度晚年，享受天伦之乐了，可他认为正是由于年事已高，才要争取时间实现早已纳入远游计划的“万里遐征”，于是，他又毅然决然地踏上远游的征途。

旅途中，艰辛无数。一次他游潇水发源处的三分石，岭地峻峭，没有落脚的地方，他便两手攀缘丛竹，悬空前进，这样攀行很长一段路，直到天黑时才到达一个较平坦的地段。由于无水，晚饭也做不成，只有烧柴围火休息。后来风雨交加，连火也熄灭了，通宵就这样在旷野的风雨和黑暗中度过。到了贵州、云南的多雨地区，他常淋着雨跋涉在高山深谷之中，夜晚借宿，有时就睡在牲畜的旁边。还有一次游湖南茶陵的麻叶洞，人们都说洞中有神龙奇鬼，不画符保佑，不施法术避邪，难以进入，徐霞客不相信这一套，他和一位仆人，手执火把，来到了洞口前，由于洞口狭小，徐霞客就先使自己双脚进入洞内，然后探至洞的幽深处。在云南腾冲时，为了采集悬崖上的一种藤本植物，在无计可施的情况下，回到寓所，然后和挑夫一道，拿起斧子和绳索造了一架临时梯子后前往，终于得到了这种未曾见过的植物。究竟是什么力量驱使他不辞劳苦，不顾生命安危地旅行、考察、采标本、写日记呢？这力量来自于他内心对名山大川真实面貌了解的渴望。他在生命的最后一刻，还在不停地研究放在病榻前的矿石标本。

徐霞客的一生大都是在远游中度过的，直到 56 岁，他积劳成疾，双脚不能走路，才被用轿从云南送回家乡。徐霞客游历一生，但没有游戏人生，他终于用自己的汗水和生命写成了一部涵盖自然界和社会诸方面的游记，即传诸后世的著名的《徐霞客游记》。这是他在人类科学史上的贡献，是宝贵的文化财富。人们称这本游记是“世界真文字、大文字、奇文字”。英国李约瑟博士在《中国科学技术史》上说：“他的游记并不像17世纪所写的东西，倒像是20世纪的野外勘察记录。”徐霞客给后人留下的不仅仅是一部游记，他为探索大自然奥秘而舍安逸、忘生死、求索攻坚的精神，永远激励着后人。

“家食”堂里的宋应星

宋应星（1587—1661）字长庚，江西奉新人，是明代杰出的科学家。

宋应星少年时，就喜欢读书，先代的典籍读了很多，但他不盲目因循，图口耳记诵之学来炫耀于人前，他对书中所记述的内容采取审视的态度，没有书云亦云。他把对书中所提出的疑问都记录下来，以备来日验证。他 28 岁时考中举人，后任江西分宜县教谕。他对束缚人才能的八股文不感兴趣，而把精力放在深入调查研究实用的生产技术的问题上。他对士大夫们轻视生产劳动的态度深为不满，认为士大夫们的这种态度于国于民都不利。他不停地思考探索着，如何才能富强国家？如何才能造福民生呢？

封建时代的知识分子常把自己的书房叫某某堂、某某斋，而宋应星却别出心裁，不追求世俗所称道的高雅之意，把自己的书房起名叫“家食之问堂”。“家食之问”，就是关于家常生活如衣、食、住、行及日用品之类的学问。“家食之问堂”也就是探讨家常生活之类学问的书屋的意思。“家食”的出处，见《易·大畜》，此书中说：“不家食，吉：养贤也。”意思是说，在上者有大德，能以官职养贤，不让贤者在家里自食。宋应星取“家食”二字，表示他所研究的学问与当时封建官僚、士大夫们所搞的那一套不同，不是空谈道德性理，而是切实研究于国计民生有用的学问。他说：打算读书做官的人肯定不会对他所探究的问题感兴趣，因为他所探究的问题与读书做官毫无关系。他认为真正了不起的是具有真才实学，知识渊博，敢于并善于探索钻研的人，而那些高谈义理、侈论心性之家是不足为训的。他深受商品经济的影响，指出发展商业的必要性，对那些驾车驭马、摆舟横渡的官商很是赞赏，认为他们能通有无、调余缺，增殖社会财富。他感到祖国疆土广大、物产丰盈，物质生产领域中的知识实在太

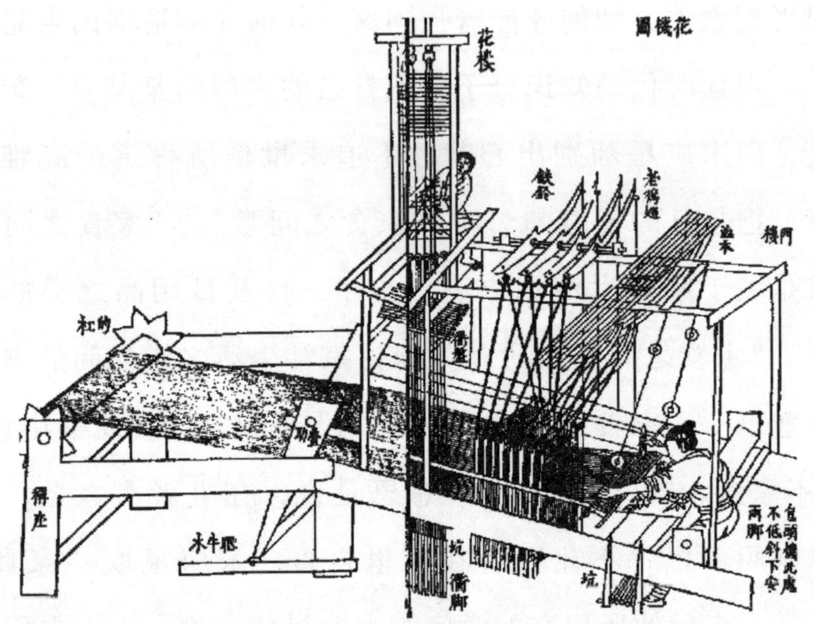

丰富了；对任何事物都有多听听多看看的必要。他冲破了书斋学者那种“人唯圣贤、物为经籍”严重脱离实际的陋习，深入下层，虚心向农民、手工业者和其他生产劳动者学习生产技术知识，开阔视野，促使自己向更广泛的知识海洋中探索。

通过书本学习、躬身访察和实际生产劳动，宋应星积累了极其丰富的生产技术知识，并以惊人的毅力和卓越的才华完成了图文并茂的科技巨著《天工开物》。

《天工开物》全书分 18 卷，包括作物栽培、养蚕、纺织、染色、粮食加工、熬盐、制糖、酿酒、烧瓷、冶铸、锤煅、舟车制造、烧制石灰、榨油、造纸、采矿、兵器、颜料、珠玉采集等，几乎谈到了农业、手工业部门中的所有重要的生产技术和过程。宋应星在此书中详细地记载了各种工农业生产的具体操作方法，特别详细地介绍了各种先进的生产技术。如在农业方面，记有培育优育稻种和杂交蚕蛾的方法；在冶炼方面，有炼铁联合作业，灌钢、炼锌、铸铁、半永久泥型铸釜和失蜡铸造的方法，其中不少工艺至今仍在应用，如有名的王麻子、张小泉刀剪就是使用了传统的“夹钢”、“贴钢”技术；在纺织方面，有用花机织龙袍、织罗的方法；在采矿方面有排除煤矿瓦斯的方法等等。以上生产技术都是当时世界上首屈一指的。从书中出现的大量统计数字，如单位面积产量、油料作物出油率、秧田的移栽比、各种合金的配合比等来看，说明宋应星比较重视实验数据，是经过一番深入细致的询访调查的。宋应星还把所搜集的材料进行认真的比较研究，提出了不少科学的见解，如他根据煤的硬度和挥发成分，提出了一项符合科学原理的煤的分类方法，很有实用价值。对于一些长期流传下来的错误观点，如“珍珠出自蛇腹”，

“沙金产自鸭屎”，“磷火即是鬼火”等等都进行了有理有据的驳斥。《天工开物》刊行后，很快传到日本，并在日本翻刻，广为流传。1869 年有法文摘译本，后又译成德、日、英多种文字，受到世界各国的重视。它是关于中国古代生产技术，特别是手工业生产技术的宝贵文献，为世界誉为“中国 17 世纪的工艺百科全书”。

如此巨著，若没有深入细致的调查研究，没有执著的追求和探索，是很难完成的。不仅如此，没有战胜世俗偏见的勇气和信心，没有对社会较为深切的洞察，而写出这种独树一帜的巨著也是不可能的。因为自古以来，中国社会的上层一向视生产劳动为贱民所为，视生产科技为奇技淫巧，而且一向轻视工商，宋应星身为朝廷官员，专心于此，无疑是轻蔑圣贤，坏乱经言。但宋应星认为这是实学，于国于民，颇有裨益，就毅然为之而奋斗，他这种务实求本，勇于攻坚的精神是难能可贵的。

谈迁矢志编著《国榷》

谈迁（1593—1657）原名以训，字观若，明朝灭亡以后改名为迁，字孺木，浙江海宁县枣林人。他是明清之际一位著述谨严、卓有成就的历史学家。

虽然谈迁家境贫寒，但自幼就酷爱历史，而且这种独特的兴趣随着年龄的增长有增无减，因此，在弱冠之年就读了大量的史书。他逐渐认识到历史的价值贵在经世致用，不读史就难晓古今沿革和兴替，不读史就不能很好地治国平天下；史贵真实，学用经世。他阅读史书，勤奋不苟。幼时培养起来的兴趣在激励着他，严酷的社会现实也在不时地激发着他，他处在明朝腐朽没落后金崛起的动荡的历史时期，明朝的官员们声色犬马、结党营私；谈及国事，争相推避，只会媚颜悦主，无视女真雄视中原、破国亡家近在旦夕的危机，忠臣见谤、奸佞横生。耳闻目睹这一切，他心痛如焚，他深感自己手中的笔越来越沉重了，他决心终生不做官，用真实的笔触写下这时代的巨变，留给后人，作为永世的借鉴。

谈迁勤读史书，并非徒留耳讼，炫耀人前以为博，而是用自己的眼光和心灵来重新审视历史，力求心得。在阅读史书的过程中，他发现明朝的实录中有好几朝的实录在内容上有失实、歪曲的现象，而且各家编年史中又多有讹舛疏陋、肤浅冗沓的弊病，于是，他决心亲自动手编写一部真实可信的明史。

谈迁的编写工作始于明朝天启元年（1621），在饥寒交迫的环境中，用了六年的时间完成了初稿。他发现初稿在内容等方面还不完善，以后陆续加以修订。清顺治二年

(1645)，他又续订了明末崇祯、弘治两朝的史事。为了求真求善，谈迁修订增补初稿就花了长达二十六年的时间，光阴如流水，并未付东流！

谁料想，两年后，也就是1649年，这部花了半生心血编撰的稿子全部被人偷走了。这意外的打击，使谈迁这位57岁的老人痛心入骨、悲愤欲绝，忍饥挨饿的日子熬得过，访求史籍的辛苦也受得起，可这飞来之祸怎么也料想不到啊！到哪里去寻找自己的书稿呢？难道几十年的心血就这样付之东流、终生难遂心愿了吗？感至于此，伤心的泪水从他那满布皱纹的脸颊上流落下来，点点滴滴，滴滴点点，洒落在他那旧得发白的衣衫上。他步履蹒跚地来到户外，良久地站立着，任无情的凄风撕乱他花白的头发，任如鞭的淫雨击打他那摇曳的身躯……

书稿是找不回来了。但谈迁转念一想，初稿不是人写的吗？只要人还在，就有书在。他的泪眼最后涌动出的是意志、希望的火，是对余生光阴切切的关注。他决心趁自己的脑子和手还好使，起笔重写。又经过了五年时间，终于将《国榷》重新编成。望着案前堆积如山的书稿，他的脸又绽开了笑容，这是终生夙愿的达成，是经历身心交瘁艰难岁月后流露出的倔强和自信。这时谈迁已 62 岁了，他时感力不从心，脑子也有些迟钝了，手脚也不太灵便了。但他没有气馁，为了定稿，他竭力想把那些因时间太久而印象模糊的事迹弄清楚。他只身一人带着仅有的一点银两携书稿来到北京，去访问那些明朝遗老、豪族、宦官，并亲自到那些故址旧迹踏查。

长期的写作生涯，使他的头发全白了，眼睛也花了，清苦的生活使他只能穿粗布衣衫，在那些达官贵人眼中，他只不过是个穷秀才，没有什么值得尊重的。因此，谈迁常常遭到冷遇。但他不灰心，不泄气，直到把模糊的问题弄清为止。他深知达官贵人的白眼算不了什么，关键是自己如何努力，去实现自己的夙愿，做一个终生无悔无愧的人。他这样偌大年纪，还走访了“十三陵”，登上了香山，对那些古迹，反复考察，哪怕是一块残碑，一截断垣也不放过。他一边观察，一边在纸片上记录，不肯漏掉有补于书稿的丝毫信息。他为对书稿拾遗补缺而搜寻资料，几乎达到了如醉如痴的境界，人们都把他当成疯子、傻子，可他心中有足乐事，哪管世人的睥睨和奚落，一步一个脚印，依然故我。他就是这样在北京呆了整整三年。离京后回家对书稿继续进行修订，直到自己满意，才正式定稿。成书后的第二年，这位一生矢志为自己的著述事业而不懈奋斗的老人与世长辞了。

谈迁编著《国榷》，主要根据列朝实录和邸报，再广求遗闻，参以诸家编年，所采诸家著述达百余种。他对实录和诸家著述并不轻易相信，对史事的记述采取慎重态度，取材广，选择严，能择善而从。这就为其编著工作在技术处理上又增加了一层难度。特别应该指出的是，《国榷》关于万历以后明朝以及后金史事的记载，多为他书所不传，加之当时没有刊行，没有遭到清人篡改，所以史料价值较高，是后人研究明史比较可靠的资料。为了著成这部史书，谈迁从 1621 年动笔到 1656 年定稿，前后用了三十五年时间。不论是烈日炎炎的盛夏，还是冰天雪地的隆冬；无论是在途径坎坷的旷野，还是在月映烛照的斗室，他都没有懈怠过。他的一生是在穷困的环境中度过的，直到晚年，仍靠当幕友，办些文墨事务，代写应酬文章来维持生活。他这种百折不挠、求索攻坚的精神是难能可贵的，受到了后人的景仰和称道。谈迁和他的《国榷》一同辉映在中国的历史上。

黄宗羲毕生求索

黄宗羲（1610—1695），字太冲，号南雷，晚年自称梨州老人，当时社会上称之为梨州先生。他是明清之际杰出的思想家和著名的史学家。

黄宗羲出生于浙江余姚县黄竹浦一个世代官宦并充满学术气氛的家庭。在父亲的影响下，自幼就喜爱读书，但不盲目苟从。他的父亲黄尊素教他八股时文，他很不感兴趣，总是喜欢自己爱读的书，读了不少有关天文、地理、历算、人物传记方面的书。他对当时的社会问题很关注，还私下对朝廷中的达官显贵评头品足，对朝廷的决策提出自己的见解。他的父亲和其他的东林党人同魏忠贤为首的阉党进行了坚决的不屈不挠的斗争。对此，黄宗羲深表钦佩。天启六年（1626）三月，黄尊素等东林党人被魏忠贤陷害逮捕入狱。临行前黄尊素要黄宗羲拜前来送别的刘宗周为师，向刘学习理学，在这生死离别的时刻还教导黄宗羲说：“作为一个学者，不能不通晓史事，应该读一读《献征录》。”从此以后黄宗羲努力攻读史书，他通读了明代的《实录》和二十一史。他每天天不亮就起床，等到第二日的头遍鸡鸣才休息，不敢有丝毫的怠惰，这是他勤奋治史学的开始。

历史上杰出人物的深邃思想启发着他，那些动人的事迹激励着他。他以历史经验来洞察现实社会，并立志要身

体力行，投入到激烈动荡的社会中。

在学术上，他勇于探索，勇于袒露自己的观点，批判那些无补于社会的学术见解。黄宗羲从北京回到浙江后，到绍兴证人书院听刘宗周讲学。当时有一个叫陶奭龄的知名学者也在绍兴讲学，陶奭龄把佛教禅宗的学说和因果报应思想羼杂到理学中来，声势很大。为了发扬刘宗周的经世学说，黄宗羲联合了六十多位名人到证人书院听讲，大造舆论，批判陶氏的佛学观点，陶被迫偃旗息鼓。

黄宗羲在了解社会的实践中，清醒地认识到，士人应关注天下大事，思索之，参与之，要担负起天下的兴亡；朝纲混乱，奸佞横生，百姓困厄，那是士人的耻辱。崇祯十一年（1638），阉党阮大铖在南京四处招摇，图谋东山再起。复社名士陈定生、吴应箕草写《留都防乱揭》揭露阮大铖的阴谋，要求把阮逐出南京城。当时，阮大铖的余党尚存，爪牙林立，但黄宗羲不惧险恶，在《留都防乱揭》上领衔署名。在崇祯一朝，黄宗羲积极地参加东林复社人士领导的政治活动，到各地游历。在他外出的日子里，仍坚持学习。崇祯三年（1630），他在南京从韩孟郁学诗。崇祯六年、七年，他在杭州孤山读书，和一些名士自相师友，互相切磋，学问有很大长进。这时候，他的视野也开拓了不少。

清兵占领南京、苏州、杭州之后，浙东各地纷纷组织义军抗清，拥护鲁王以监国的名义成立政府。黄宗羲也在余姚黄竹浦组织青壮年数百人为义军，沿钱塘江布防，老百姓称呼他带领的军队为世忠营，后来黄宗羲来到鲁王的流动政府。由于失去了兵权，对政事没有多少发言权，但黄宗羲不甘空耗光阴，一有时间，他就对授时历、泰西历、回回历进行校注。他的某些天文历法著述就是在这种动荡的环境中完成的，如果没有惊人的毅力是很难做到这一点的。此外，在海上抗清时，他还写了许多诗篇，记述抗清事实。

康熙元年（1662）南明永历帝在昆明被清政府杀死，南明灭亡，至此，黄宗羲看到恢复明朝已失去希望。就回乡著书立说。这时他已是53岁的老人了，他决心在自己的有生之年，为后人留下自己探索的经验。经过多年的努力，他写出了大量著作。其主要著作有：《明夷待访录》、《明儒学案》、《宋元学案》等。

长期不懈的思考使他的思想日趋稳定，社会的巨变以及个人沧桑的经历，使他的思想更加深刻，更加成熟。他为了研究明朝灭亡的原因和改革君主专制的弊端而发愤治学。

从一代代王朝兴衰历史中，黄宗羲看到，每一个王朝的倾斜，都是由于君主贪婪、残暴；每一个王朝的兴起，都始于血腥风雨中的争斗。他认为封建的君主专制制度是造成社会危机的总根源。他指出“天下最大的祸害就是君主”，因为“君主把天下的利益尽归已有，把天下的祸害全部推给别人”，君主为了得到或维护自己的统治地位，即使使天下人肝脑涂地，使天下百姓家破人亡、妻离子散，也在所不惜。他反对以君为主，以天下为客的不合理现实，赞美以天下为主，以君主为客的尧舜之世。他从民众的利益出发，去评价治乱，他说：“天下或治或乱，不在于一姓的兴亡，而在于万民的忧乐。”并进一步提出为臣之职应该是“为天下人，不为君主；为万民，不为一姓”，一代王朝的君主死了，做臣下的没有必要跟从他的君主去死，没有必要自杀为君主殉身。他还认为，法律应该是天下人的法律，朝廷君臣没有什么高贵，百姓也没有什么低贱。他主张改一家一姓之法为天下之法。他说，天子认为对的未必对，天子认为错的未必错。他主张提高宰相权力，由士人来公论是非，限制君主的权力，使君主不敢自以为是。这种公议国家是非的学校有些类似近代的代议机关。这是一种限制与监督君权的思想。这种民主思想为中国近代的资产阶级改良派和革命派提供了历史借鉴。

黄宗羲一反传统的"重农抑商"思想，提出"工商皆本"。他认为世俗中迂腐的人们不稽古事，不辨事理，把工商当成末业，妄加评论，并竭力压抑，是十分荒唐可笑的。工商两业皆有益于社会民生，都是本业。这种思想反映了当时商品经济和资本主义萌芽发展的要求。

黄宗羲注重实践，不尚空谈。治学态度严谨刻苦，严核考证，实事求是。他认为明朝的灭亡和明人的学风有一定的关系。他认为明人专事口耳记诵之学，学无根底，喜欢空谈。他指出，学问是用来经世的，不是用了炫耀的，他和他的弟子们形成了一个以经世思想为指导以研究史学为特点的浙东学派。他的《明儒学案》总结了明代近三百年的思想发展，包括了明代各派哲学家的学术思想和主张，是中国第一部比较系统的学术思想史专著。他实事求是的学风和经世致用思想，于今仍有教育意义。

黄宗羲一生坎坷，不断地学习、实践、探索。他的晚年生活比较清苦，有时以卖文糊口，但仍坚持著述，年过80，还时刻不肯怠惰。正因如此，他才以有限的生命作出了重大贡献。

顾炎武著书立说

顾炎武（1613—1682）初名绛，字忠清，明朝灭亡后改名炎武，字宁人，曾自署蒋山佣，号亭林，学者称之为亭林先生，江苏昆山人。是明末清初时期的著名学者和杰出的思想家。

顾炎武出身于江东望族。他的祖父是个很有见识的人，他受祖父的影响很深，幼年时就博览群书，特别喜爱读司马光的《资治通鉴》和司马迁的《史记》。他关心国家大事，总爱探讨国计民生的大问题，他认为读书必须联系实际，反对空发议论。

对于明朝的腐败，顾炎武深恶痛绝，少年时就参加了“复社”反对宦官权贵的斗争。清军入关后，他参加了嘉定、昆山一带的人民抗清起义。清军攻陷昆山，他的生母及两个弟弟均遭难，抚养他的养母誓死不降清朝，绝食自杀，临终前嘱咐顾炎武说：“我虽是个女子，然以身殉国是理所当然的事，希望你不要做清朝臣子，我死后就可以闭上眼睛了。”顾炎武把养母的话牢记心头，永志不忘。抗清斗争失败后，他隐居不出，以明朝遗民自守，誓死不做清朝的官员，清廷几次征召聘请他前去做官，均被他拒绝。

他看到清朝的统治日益稳固，匡复明朝势不可行，就把满腔的义愤和深邃的思索凝注于笔端，去探索国计民生的要道，去探索胜败存亡的原因。从45岁时起，他用了二十年的时间，遍游了华北各地，十次拜谒明陵（明朝皇帝的陵墓），考察了各地的风俗人情，并在雁北开荒。这些实践丰富了他的生活，也加深了他的认识。他认为明王朝的灭亡固然由于政治的腐败，但边地守将平庸，良将难用，以致边防失利也是一个不可忽视的重要因素。于是立意写一部关于山川要道边防战争的书，他到处跋山涉水，考察地形、地貌，分析地理位置的重要性。他边考察，边读书，边写作，经过长时间的艰苦努力，终于写成了论述山川要道边防战争的专著《肇域志》。这也是经世致用学术思想的具体体现。

想到国破家亡、夷人入主中原的残酷现实，明王朝君主专制政治的腐败又一幕幕浮现在眼前，社会动荡，民不聊生的大问题，又将他的目光从民族问题、政权问题上引向对整个社会问题的关注。他认为君主一人独治，天下唯命是从，以致奸佞当道，有识之士屈陈下僚，天下怎能不亡呢？于是，他反对君主专制的“独治”，主张更多地吸收知识分子的“众治”。他说：“君主临御天下，不能靠自己一人独治，如果一人独治，刑罚之事就多了；如果众治，刑罚之事就会得到妥善的处理。”他反对君主分封子弟为侯而治理国家的办法，主张郡县制。他说：“分封诸侯王治理国家的失误，是王国的权力太专；设置郡县治理国家的失误，是君主的权力太专。”在他看来，只要限制君主权利，加强地方官吏职权，以增加地方官守土的责任，则国家就可以富强，国家的百姓就可以免于贫困，各行各业就兴旺发达，社会就可以长治久安了。他还认为治乱的关键在于人心风俗，因此主张正风俗以正天下。他认为明王朝灭亡与风俗日下、教化纪纲堕废也有关系。他说："我看世风的趋向，才知道治乱的关键在于人心风俗，所以转移人心，整顿风俗，则是教化纪纲不可缺少的。长期养成的良好风尚，也会在一朝一夕败坏无余。"他认为士人要有强烈的社会责任感和使命感，即所谓"天下兴亡，匹夫有责"。他认为贫富不均也是社会不安定的一个重要因素。他说："百姓之所以不安分、不安心，是因为有贫有富；贫困的人不能保障自己的生存，而富有者又常担心有人向他求助而十分吝啬，于是贫富之间一定会争夺财富。"顾炎武有如此考虑，也是明王朝灭亡事实的启示，因为明末李自成领导的农民军提出"均田免粮"的口号，向地主阶级发起了猛烈进攻，加速了明朝的灭亡。

他同情农民，攻击城市和货币，提出一个反对征银，最好征收谷物的办法。发展农业生产是他经济主张的要点。顾炎武对治乱兴衰的思索中固然有许多固执和偏见，但更多的是具有进步意义的探求。

顾炎武在探索治乱兴衰原因的同时，也对士人的学风和治学思想加以深入思考。他主张“经世致用”，“明道求世”，反对士大夫空疏不学、空谈心性、昏庸无耻的学风。他认为明末理学的弊端是“不习六艺之文，不考百王之典，不综当代之务，论夫子论学论政之大端一切不问……以明心见性之空言，代修己治人之学。股肱惰而万事荒，爪牙亡而四周乱，神州荡覆，宗社丘墟”。他认为著书立说应该有益于世，凡是和六经之指无关，于当世之务无益的文章和事，都不要去做。这种治学思想决定了他治学方法是：读经自考文始，考文自知音始，务求不失原意；研究问题时注重考证，列本证、旁证，不以孤证为凭。这是实事求是的学风。

顾炎武自幼读书有个习惯，就是作读书笔记，分类抄录，发现错误及时纠正，重复的删掉。这样日积月累，最终编成了一部涉及政治、经济、史地、文艺等内容极其广泛的《日知录》。这是一部被社会公认的极有学术价值的著作。

顾炎武一生以“天下兴亡，匹夫有责”的责任感和使命感，不断探索和追求着，虽隐居独守而宏志未泯，笔端触及悠远，眼界却立于现实。他抨击封建专制的进步思想对后来的资产阶级民主革命产生了一定的影响，他那矢志不渝的坚强意志和实事求是的精神将永远激励后人求索攻坚，报效国家。

王夫之隐居著述

王夫之（1619—1692），字而农，号姜斋，湖南衡阳人。晚年隐居湖南石船山麓，人称船山先生。他是明末清初三大杰出思想家之一。

王夫之年少时，聪颖过人，才华出众。他 4 岁时就跟从长兄王介之读书，7 岁时读完了《十三经》，14 岁时考中了秀才，16 岁时开始学习诗文，他阅览的古今诗文不下十万首。少年时的王夫之就开始留心政务，喜欢向人们询问各个地方的事情，像那些山川险要、物质生产、典章制度的沿革等方面的问题，他都认真地钻研。

王夫之年轻时曾考过举人。张献忠的农民军经过湖南时邀他参加，被他拒绝。清军攻入湖南，他举兵反清，失败后在南明桂王政权中任过小吏，南明政权的腐败使他触目惊心。顺治九年（1653），他逃到湖南西部的耶姜山，开始了他屏迹幽居的生活。在这动荡的历史时期，这种屏迹幽居的生活也很难长久。

顺治十年（1654），清廷恢复在湖南的统治，下令“薙发”，让汉人保持和清人一样的发式。王夫之拒绝“薙发”，他改换姓名，变易衣着，浪迹于荒山野岭之间。在极其艰苦的条件下，王夫之仍然坚持著述，先后完成了《老子衍》、《黄书》等著作。顺治十四年（1658），王夫之返回家乡的“续梦庵”。次年秋天，完成了《家世节录》，这时王夫之已经40岁了。

顺治十八年（1662），南明政权覆灭了。悲痛之余，王夫之感到大势所趋，匡复明朝的愿望已成泡影，便痛下决心，隐居著述，不再以为抗清而南北奔波为要。他要对汉民族自取败辱的教训做出理论总结。在此后几年中，王夫之先后完成《尚书引义》、《读四书大全说》、《春秋家说》、《春秋世论》等反映其哲学、政治思想的重要著作。

康熙十四年（1675），王夫之迁居到石船山下，建造了一个茅草房，居住下来。他称之为“湘西草堂”。在这里，王夫之度过了余生十七个年头。他十七年如一日，发奋著述。故国灭亡的灾难和痛苦在时时地折磨着他，总结亡国灭家历史教训的责任感和使命感在催促着他。他每天天未明就起来读书写作，一直干到深夜。白天热了，他就打开窗子，夜晚昏暗，他就伴着孤灯。他对《十三经》、《二十一史》以及张载、朱熹的遗书进行再三仔细的阅读和研究。有时饥寒交迫而来，死亡随时都可能降临到他的头上，但他毫不在意，仍然在克服生活困难的同时继续钻研。到了暮年，他体弱多病，磨墨、执笔都很困难，还常常把笔墨放在床榻旁边，竭力地去编纂、去注释说明，表现出炽热的爱国主义精神和顽强坚毅的治学意志。史学名著《读通鉴论》、《宋论》以及《楚辞通译》、《周易内传》、《诗广传》、《噩梦》、《张子正蒙注》、《庄子通》、《俟解》、《夕堂永日绪论》等重要著作都是在这一时期完成的。

康熙三十年（1691），王夫之已73岁了，他患病很长时间，哮喘、咳嗽，但仍不停地阅读着。康熙三十一年（1692）正月，他病故于石船山下的湘西草堂。

王夫之的丰富著述，展示了他卓越而智慧的思索，散射出许多进步思想的光芒。

清初三大思想家就唯物主义的彻底性而言，当首推王夫之。他总结了中国古代的哲学，是中国古代哲学的集大成者，他把中国古代朴素唯物主义发展到最高水平，不愧为中国古代杰出的唯物主义哲学家。首先，他继承和发展了张载的“太虚即乏”的学说，明确地提出气是构成宇宙的物质本体。其次，他认为物质是可以转化的但却是不灭的。他尖锐地批判了佛教和一切唯心主义者关于万物的生灭由心决定的思想。再次，他批判了宋明理学关于理气、道器关系的主张，提出了唯物主义的解释。他认为理是依赖气而存在的客观规律，道是属于器的。

王夫之还发展了古代的对立统一的辩证思想。他认为事物是矛盾双方对立的统一，矛盾的双方是互为存在的前提，互相依存而不可分。他还认为运动是宇宙的本性，是永恒的，绝对的。

王夫之在批判继承古代认识论的基础上，建立了朴素的唯物主义认识论体系。他认为客观事物是第一性的，人的认识是第二性的，认识必须符合客观事物。

他的社会史观也有不少进步的因素。首先，他认为社会是发展的，进化的。反对泥古不化，反对“奉尧舜以镇压人心”。他称发展规律为理，称历史发展的总趋向为势。他认识到理势不能割裂，“势因理成”，“迨已成理，则自然成势”。这种“理势合一”的思想是对柳宗元“势”的思想的继承和发展。其次，他批判了宋明理学“去人欲，存天理”的唯心主义道德观，他认为人们的欲望要求是合乎天理的，“私欲之中，天理所寓”。他反对君主专制，要求政治改革，提出均田地以安天下的主张。

王夫之的治学思想和治学方法也是比较进步的。他主张学与思兼用。他说“学非有碍于思，而学愈博则思愈远；思正有功于学，而思之困则学必勤”。

由于时代和阶级的局限，王夫之的唯物主义思想仍然处于朴素的唯物主义阶段。其政治思想有明显的剥削阶级烙印。但是，他能刻苦发奋，隐居著述，站在时代的高度，对中国古代哲学进行一次系统的总结，提出了许多闪着理性光辉的见解，这是难能可贵的。他刻苦钻研的精神和毅力，于今仍值得我们学习。

王锡阐钻研天文历法

王锡阐（1628—1682）字寅旭，号晓庵，江苏吴江人。一生勤勉好学，经常观测天体，对中、西天文历算都有精湛的研究，是清代乃至中国古代史上杰出的天文学家。

王锡阐自幼喜欢读书，对有关天文历算方面的内容尤其感兴趣。他不仅重视书本知识，而且也重视实践，从少年时代起，夜晚遇天气晴朗，就登上屋顶，仰着头，观察天象，有的时候竟一晚不睡。他总是把观察的结果记录下来，仔细推敲，认真比较。不论是酷暑严寒，还是身患疾病，他都没有停止过。

王锡阐生活的时代，正是西方传教士在中国传教趋于频繁时期。西方的传教士在传教的同时，把西方的科学技术知识也传到中国。王锡阐不仅对中国历法有独到的研究，而且对西方历法也进行了深入的钻研，并指出了西方历法的若干缺点和错误。

如西方历法以为月亮在近地点时，视直径小，故食分大。对此，王锡阐正确指出：视径大小，是人眼观察的结果。是因人而异的。食分大小，却应该根据实径。太阳的实径，不因地面观察点的高低而有所不同。地影实径，却因观测点的远近而有损益，最低之地影大，月入影深，食分不得反小；最高之地影小，月入影浅，食分不得反大。又如，王锡阐指出，按小轮系统算月亮运动时，除了定朔、定望外，其他时刻都应加改正数，但西方历法却不用这一改正数，好像日月食一定发生在定朔、定望，然而事实上只有月食食甚才是在定望。王锡阐更以交食的实测事实，证明西法并不完全准确。即他从实践和理论上都证明并非是完善的。

正是在对中西历法都做了透彻研究的基础上，王锡阐编著了《晓庵新法》。全书共六卷，吸收了两者的优点，有所发明创造。他提出了日月食初亏和复圆方位角计算的新方法，依次计算公元1681年9月12日发生的日食，较其他方法都准确。他独立发明了计算金星、水星凌日的方法，还提出了细致地计算月掩行星和五星凌犯的初、终时刻的方法，都比中西历法有所进步。

王锡阐之所以取得独步时代的天文学方面的成就，是和他刻苦钻研，注重实践的学风密切相关的。他继承和发扬了中国古代天文学者“验天求合”的实践与理论相结合的优良传统。不以书本为据，而以实践为宗。

除此之外，也和他在学术交流上的态度有关。他对中、西之学均采取去粗取精、去伪存真的科学态度，既不盲从迷信，也不拒而远之。他主张排除中西方有别，尊华夏而卑西人的偏见，力求集众家之长而会通其内在原理，不要拘于名目故步自封，孤芳自赏，而应学习、判定，取其精华，去其糟粕。他说：“数术是依理推导出来的，历法是依据天象制定出来的，无论中历、西历，在方法上都有可取之处，为什么一定要区别是东方的还是西方的呢？客观存在的道理应该昭明，为什么一定要区分新旧呢？”他反对盲目推崇西方历法，他说：“西方历法中的论见，那些被今天的实测所检验所证明了的，可以吸取，如认为是不可改易的，用它来指导实务，以求发展，是不可以的。”“考证古法之误，而存其是，择取西说之长，而去其短”则成了他的研究工作的重要特色。

王锡阐是 17 世纪的科学家，在浓重的封建制度的氛围下，能如此看待古今中外的文化科学知识，并真正做到了“古为今用，洋为中用”，无疑是超越时代的。他探索中西方科学的态度，在科技发达思想开化的今天，也是我们继承文化遗产和进行文化交流所应借鉴的，因为科学的探索离不开探索的科学。

李贵真和她的跳蚤

李贵真（1911— ），山东省恩县人。我国著名生物学家，有“跳蚤专家”之称。

李贵真从小在农村长大，喜欢各种各样的小昆虫。中学毕业后，她决心献身于祖国的生物科学。1937 年，她从齐鲁大学生物系毕业后就奔赴贵州。那时，贵州、云南各省鼠疫大流行，万户萧疏，数以万计的人挣扎在生死线上。跳蚤是传播鼠疫的重要媒介。研究跳蚤的形态、种类以及活动方式等，是控制和消灭鼠疫的有效手段。在旧中国，统治阶级根本不关心人民的死活，也根本不重视对跳蚤的研究。当时年仅 27 岁的李贵真勇敢地、吃力地开垦

起中国生物学的这块处女地——蚤类学。

要研究跳蚤，首先要捕捉跳蚤。跳蚤像芝麻粒那么大，非常善蹦善跳，很不容易捉到。人体和动物体既是跳蚤活动的场所，又是它吃饭的地方，它是真正的寄生虫。捕捉跳蚤对人体有一定的危害。跳蚤一旦跳上人体，钻入衣服内，就很可能带来传染病。李贵真对这些全然不顾。为了捕捉到各种各样的跳蚤，她翻山越岭到树多林密的动物身上捕跳蚤。因为野生动物生活在潮湿的树叶、草丛中，这种条件正适合跳蚤生存、生长。可是，野生动物是不让人靠近的，李贵真就向当地猎人学会了打猎。用枪打死动物后，她赶紧跑过去，把早已准备好的一块白布放在动物体下，然后，仔细寻找躲藏在动物身上的跳蚤。动物体温一降，跳蚤就会向四处乱蹦。离开动物体的跳蚤跳到白布上，李贵真便迅速地用蘸了酒精的棉花团将那“黑点”按住，小心翼翼地装入玻璃瓶里。

李贵真不但学会了用枪打死猎物，还学会了挖陷阱捉活动物的方法。她把捉到的小动物放到笼子里，再把笼子放到水盆上，跳蚤一跳就掉到水中。李贵真常常守候在水盆旁，慢慢把水中的跳蚤捉上来。她也常常让伙伴守在洞口，自己钻进那又臭又脏的野兽洞中，细心寻找跳蚤。她翻山越岭不知磨破了多少鞋底、划破了多少衣服。这对一个年轻的女大学生来说，要顶住来自社会的世俗偏见，要经得起大自然的考验，谈何容易？可她硬是经得住了考验和偏见，从 1938 年起，硬是用了几十年的时间，夜以继日地研究这小小的特殊昆虫。

李贵真捉到跳蚤后，还要经过极复杂的制标本过程。制成标本后还要认真鉴定，整天用显微镜观察跳蚤，在纸上耐心地画下它的形态。有时一画就是几个月，在这枯燥单调的工作中，一种又一种中国新跳蚤被发现了。中国蚤类学这门空白的学科也渐渐发展充实起来。后来，李贵真写出了《跳蚤》和《蚤类概论》等著作。《蚤类概论》被认为是“我国蚤类研究工作的一种初步总结，是我国昆虫学、医学昆虫、蚤传性疾病流行病学不可缺少的一种参考书”。国际生物学界认为这是“关于中国蚤类学的权威性著作”，它的内容被生物学界的外国专家学者所引用。

钱伟长和“钱伟长方程”

钱伟长（1912—　），江苏省无锡人。我国著名力学专家。曾任清华大学教务长、副校长、中国科学院力学研究所副所长等职务。

1935 年，经过艰苦的努力，钱伟长大学毕业了，并且考取了清华大学研究院物理系的研究生，在导师吴有训教授的指导下，开始了 X 光谱的研究。

抗日战争爆发后，他来到昆明，在清华、北大等校组成的西南联大继续着自己的学业和研究工作。1940 年夏天，他又考取了留学生，来到了加拿大多伦多大学，在著名力学家门下从事研究工作。

到加拿大几天后，导师把钱伟长叫到他的办公室，问他准备做些什么。钱伟长说，他准备继续研究板壳的内禀统一理论。并说，潜水艇的外壳是椭圆形壳体，而飞机的机身又是不规则的圆形壳体，还有些物体是锥形壳、球形壳、筒形壳等。处理一种壳，就要有一个方程式。这些似乎各自独立的方程式，其中有共同的联系。世界并不需要那么多、那么复杂的方程式，应该找到它们之间的联系。导师听钱伟长一口气说出的想法，非常高兴，鼓励他努力去做，有什么困难一定给予支持。

钱伟长求索攻坚一向是十分专注的，现在表现得更是如此。他从早到晚“泡”在图书馆里，查阅、思考、演算，……经过半年的时间，他运用数学的张量分析原理，终于找到了那个统一的方程式。钱伟长和导师一起写出了《弹性板壳的内禀理论》，发表在美国加利福尼亚理工学院的学报上。

在论文里，钱伟长提出的板垛理论的非线性微分方程组，被国际上称为“钱伟长方程”，当时，他年仅 28 岁。此后，钱伟长在力学研究领域从不停止，发表了一百多篇论文，写出了十余部专著。对国际物理学界有一定影响。

蔡建宇与自己和净水搏斗

据国内外生理学资料表明，小肠切除 50% 的人将丧失工作能力，而少于六十厘米则不能生存。令人难以置信的是，一个小肠切除 90% 以上，只剩下四十八厘米的人，竟在净水研究领域中探索不止，闻名遐迩。他就是广州军区净水研究所所长、二等甲级残疾军人蔡建宇。

1967 年，在越南战场执行任务的蔡建宇患了“急性坏死性小肠炎”。医生在坑道里为他连续做了两次手术，把他从死亡线上“拽”了回来。一个被医学上宣判为失去工作能力的科学工作者，并没有泯灭一颗为祖国、为人民贡献终生的赤子之心。蔡建宇想：“一个共产党员，只要心脏还在跳动，就要为党工作！”他决心在净水世界寻找自己的星座。生命萌生了新的希望。腹部还插着四条引流管的老蔡，再也躺不住了。他用一块木板撑在胸前，靠在床头开始了植物净水的研究。一年零七个月的病房生活，他不仅活了下来，还设计了几十种植物净水方案……

不能站着，就坐着干。不能坐着，就躺着干。蔡建宇横下一条心，把家当成实验室。在妻子和同志们的协助下，他躺在竹榻上顽强拼搏。没有资料，没有经验，简陋的条件迫使他用原始的工具去攻克现代科学的堡垒。仅仅为摸索一道工序，他就进行过上百次实验，煮破了几十个瓦盆、瓦罐。有志者事竟成。经过几千次失败，他终于找到了三十多种净水植物和五种净水剂。在六年多的时间里，蔡建宇和同志们带着科研成果深入连队，深入基层，从西沙群岛到北大荒，都留下了他们的足迹；长江、黄河、湘江、珠江，数十条江河映过他们的身影。六年中，蔡建宇因下肢静脉高位栓塞，尿崩症和静脉炎三次入院，每一次他都凭借顽强的意志摆脱了死神的纠缠。

1978 年全国首届科学大会以后，蔡建宇率领研究小组又向“次氯酸钠净水发生器”这一课题发起进攻。经

过两年来的数百次试验，蔡建宇研制成功的这种净水装置的核心部件——电解阳极的使用寿命长达二万五千小时，超过了日本七千小时的指标。这一成果，1984 年荣获全军科技成果一等奖和 1985 年国家科技发明三等奖。蔡建宇的快速净水法和水消毒器享誉海外，美、英、法等国的专家争相前来参观。世界卫生组织三次来函索取研究资料。

近年来，他们又相继研制成功监测水质的“浊度计”和“余氯比色计”，进一步完善了评价水处理效果的仪器。

蔡建宇荣立过一等功一次，二等功两次，三等功八次，是全军的先进工作者。尽管病魔缠身，他仍顽强地与自已的疾病作斗争，执著地在净水世界里求索攻坚，奋斗不止。

邓稼先攻克原子能世界

1949 年，新中国从战争的废墟中站起来，开始了艰难的社会主义建设。面对资本主义世界对社会主义阵营的包围与封锁，摆在新中国面前的一个重要任务就是加强军事实力，制造原子弹，与拥有核武器的美国等资本主义国家抗衡，保卫新生的社会主义中国。

这一关系到新中国国力的重大任务落到了刚刚从美国回国的爱国青年科学家邓稼先的身上。

尽管邓稼先毕业于西南联大物理系，并在美国攻读原子核物理，有关原子核科学的全部知识和最新信息已经消融在他的脑子里，但在原子核科学毫无基础的新中国面

前，制造原子弹，无疑是一项艰苦与漫长的事业。邓稼先没有被这些困难所吓倒。他花了半年时间从中国著名学府挑选了二十八名出类拔萃的大学毕业生。

邓稼先和他们一起进入了向原子弹理论方程攻击的阵地。为了验证一个数字，他们摇起那台应该是历史博物馆陈列品的手摇计算机，每秒钟只能运算十次。青年人等不及，干脆拨弄算盘，一次、两次，一共进行了九次计算，而每次验证要日夜连轴地拨弄算珠一个月！

一个关系到中国第一颗原子弹成败的神秘数字终于出现在邓稼先眼前。这个数字凝结了邓稼先和他的战友两千多个日日夜夜的心血与汗水，同时也宣告了中国第一颗原子弹爆炸成功的历史性时间：1964 年 10 月 16 日 15 时。

原子弹爆炸成功后，邓稼先又转向了氢弹研制。1967 年 6 月 17 日，中国第一颗氢弹成功地爆炸。

核武器的研究，是一个隐姓埋名、辛勤耕耘、不计名利的事业，但邓稼先心中有的只是祖国的强大、人民的幸福。当他同期的同学早已蜚声海内外时，他仍然是一个身份处于绝密状态的科学家。

1986 年 7 月 29 日，邓稼先——这一无名的英雄、巨匠，为中国的核武器事业耗尽了最后一丝精力。这一天，他的光辉名字和他那充满神秘色彩的故事才向全世界宣布。

“两弹”元勋邓稼先，他的名字永垂中华民族史册，永远激励中国人民求索攻坚、勇往直前。

金庆民南极寻宝

金庆民是地矿部南京地质矿产研究所副研究员，1961年毕业于北京地质学院，在地质战线工作了三十年。曾受国家委派两次赴南极洲进行科学考察获得了宝贵的地质资料。在南极最高峰文森峰地区发现了大铁矿，填补了地质学研究的空白，为祖国的地质事业作出了巨大的贡献。

1961年金庆民大学毕业后，没有留恋大城市的安逸生活和优越的工作条件，毅然来到新疆，奋战戈壁滩二十个春秋。1980年，她在塔里木盆地的西北边缘发现了金伯利岩，被列为国家的一项地质新发现，为新疆的金刚石找矿工作提供了依据。1984年，她参与编制的新疆天山1

:500000 地质图与矿产图获得了新疆维吾尔自治区的奖励。

地质工作是艰苦的，而女同志更要付出超人的代价。在野外探矿，女同志尚未有过。但金庆民打破这一惯例，常年在雪山上攀登，在浩瀚无垠的大沙漠里跋涉。断水、缺粮、迷途、翻车，似乎已成家常便饭，但她与队员们以苦为乐，勇敢地向下个目标跃进。

为了事业，她长期与爱人分居两地，三个孩子由远在浙江的姑妈照看，以至孩子见到她竟不相认，喊她“舅妈”。

1986 年，受国家委派，金庆民参加了我国第三次南极考察队，踏上了冰雪王国的大地。在长城站，她与男同志一道参加扩建长城站的劳动，修筑码头，卸运物质，盖房修路。每天行程三四十里路，测制了 1：10000 地质图二十平方公里，采集了四百二十多块岩标本。经过 77 天的艰苦奋战，终于完成了地质考察任务。

1988 年，经国务院批准，金庆民又参加了中美联合南极登山科学考察队，对南极腹地文森峰进行登山探险科学考察活动。

文森峰，人称“死亡地带”，海拔五千一百四十米，终年冰雪覆盖。在此之前，世界上尚没有一位女性踏上这块土地。涉足死亡地带前，中美双方的协议上规定探险队员若遇不测，遗体将不运回本国。

面对这一切，金庆民想的只是祖国地质事业的腾飞，早日把五星红旗插上南极最高峰。她毅然在照会上写下了“金庆民”三个字，踏上了南极之路。

南极探险的艰苦程度远远超过他们的想象。暴风雪时常将他们的帐篷卷走。一杯咖啡喝不到一半就结了冰，稍不留意，舌头就会粘在勺子上被扯掉一块皮。

进入南极腹地第三天，金庆民决定一人独闯山峰，进行为期四天的科学考察。

“您一个人留在这儿太危险了！”同伴不断地劝告她。“太危险了！”美方队员也关切地说：“金女士，你一个行吗？你想过没有，暴风雪一来，帐篷被掀跑，您就……”

金庆民一个人留在了这里。这里，气温极低，一片冰海。但强烈的事业心像熊熊的烈火在她胸中燃烧，驱使她去探索，去攻坚。

和战友分开的第四天，金庆民在一道山脊上，发现了铁矿露头。为了追溯铁矿带，她沿着陡峭的山脊行走进行地质考察。这是一个二十公里长、二百米厚的含铁岩层。她欣喜若狂，中国人在南极发现铁矿了！她把一面五星红旗插在矿体上，对着茫茫冰原大声呼喊：

“祖国啊，为你的女儿骄傲吧！”

慈云桂立下军令状

慈云桂教授是中国著名计算机科学家。为中国的计算机事业作出了卓越的贡献。他在研制成功中国第一台专用电子计算机、晶体管通用数字计算机和百万次大型集成电路计算机之后，于 1978 年 3 月又欣然接受了研制亿次巨型计算机的艰巨任务。并向领导机关立下了军令状：一亿次一次不少；六年时间一天不拖；预算经费一分不超。“现在我刚好 60 岁，就是豁出这条老命，也一定要把我国的巨型机搞出来!”

中国的计算机专家瞄准了世界上最先进的计算机，但是却没有同等的物质条件。

外国计算机公司已进入电子时代，全套的自动化流水线，而我国有些工序还停留在“象牙雕刻”的时代，元器件的质量低而不稳。

然而，“穷且益坚，不坠青云之志”。他们从世界先进技术的百花园里采集花粉，酿自已的蜜，为我国第一台巨型机设计了巧妙的结构：双阵列。把计算机的“一路纵队”改成“双路纵队”同时连结运算，并为之铺设双轨，修建众多而合理的仓库群保证供数。这样，主机的主频不变，运算速度可以成倍增加。

如果把计算机硬件比做舞台，软件就是舞台上演出的话剧；如果把硬件比做人体，软件则是这个人的知识和才能。而我国巨型机的软件系统就像一块贫瘠而荒芜的土地。不改变这种“荒芜”，巨型机就是一座徒有其名的舞台，一个四肢发达而头脑贫乏的巨人。

要在短短几年内把巨型机的头脑武装起来，工程量巨大得让人难以想象，而软件人员寥若晨星。最初只有二十来人，后来八方支援，逐渐增加到几十人。为了装备中国巨型机的“头生子”，这批中年科技人员开始了长年累月的超负荷高速运转。

为了保证巨型机的稳定性和可靠性，科研人员和工人们发扬当年从研制晶体管通用数字计算机培养起来的老传统：一丝不苟，坚持质量第一。

下面这三组数字便是例证：

全机底板二万五千条绕接线，十二万个绕接点，都检查八遍以上；

全机八百多块多层印制板，每块板上平均有五千个金属化孔，全部进行孔壁检查、孔导通测试和绝缘测试；

全机六百多块插件板，每块板上有三四千个焊点，他们创造了二百多万个焊点无一虚焊的奇迹。

从 1983 年起，国防科大邀请了石油部、国家气象局、总参、鞍钢等二十来个单位，在巨型机上试算了四十二道过去在国内其他机型上难以运算的重大题目，都得到了圆满的结果。

1983 年 11 月，国家技术鉴定组对巨型机的各项性能，进行了我国计算机史上最严格的技术考核。按规定，允许主机二十四小时出一次故障，但在连续考机的十二天里，主机运转了二百八十八小时无一故障。

中国的第一台巨型计算机研制成功后，张爱萍同志亲自为它题名为“银河”。

银河亿次机的诞生，向全世界宣布：中国成了继美、日等国之后，能够独立设计和制造巨型机的国家。

当我国巨型机的头生子——“银河”亿次计算机诞生于东方文明的土地上，向世界沉静地微笑的时刻，秉性刚直从来没流过一滴眼泪的慈云桂，此时，再也抑制不住内心的激动，流下了幸福的泪水。为表达自己的情怀，他写了一首七律《银河颂》外一首和《浪淘沙》。

他在前言中写道：“银河亿次级巨型计算机全面考核胜利结束，算是完成了党中央交给的艰巨任务。回顾五年多与同志们风雨联床、忧乐与共、知难而进的战斗历程，颇饶兴趣，特书此以遣怀。

银河颂（外一首）

银河疑是九天来，妙算神机费剪裁。
跃马横刀多壮士，披星戴月育雄才。
精雕岂为人称誉，细刻缘求玉琢材。
极目远穷千里外，琼楼更上不徘徊。

浪淘沙

喜讯几回传，笑语欢颜！披荆斩棘勇当先。骇浪惊涛风雨急！事事年年。捷报又翩翩，银河显现，人间碧落地连天。妙算神机今已在，亿境千旋。

罗健夫攻坚不止

1982 年，优秀共产党员、航天工业部陕西骊山微电子公司工程师罗健夫，这个被同志们称为“特殊材料制成的人”，在科学的道路上，为祖国和人民耗尽最后一丝热量，成为社会主义建设事业中知识分子的光辉典范。

1935 年，罗健夫出生在湖南湘乡的一个普通家庭里。他从小就是个胸怀大志的孩子。他崇敬那些知识渊博、求索攻坚的学者。因此，他在西北大学物理系读书时，同学们都夸他是“全年级最用功的学生”。参加工作后，他更是刻苦钻研，不怕艰难困苦，敢于攻克科学堡垒，在电子技术方面，为祖国作出了重大贡献。

1969 年，罗健夫接受了一项重要的科研任务，研制图形发生器，并担任这个课题组的组长。这种仪器是国际电子技术方面的尖端产品，具有世界先进水平，可是在我们国家还是个空白。当时，横在罗健夫面前的困难是很大的，国内一无样机，二无图纸，三无资料，国外又“禁运”。罗健夫过去是学核物理的，搞电子设备又不在行，加之在动乱的年代里，搞科研经常受干扰。可是这一切都没有挡住他们，罗健夫和他的同事们就是在这种困难条件下开始了艰难的攻坚。他一个人承担了两个人的工作，既承担图形发生器电子电路的设计，又顶替别人搞计算机，两副沉重的担子压在他的肩膀上。除此之外，作为课题组长还要懂一些机械制造、半导体应用等专业知识。

这一切，沉重地压在罗健夫的肩上。但为了尽快缩短我国在这方面与世界先进国家的距离，罗健夫忘我地拼搏了。

深夜的灯光下，仍闪现着他的身影；天微明，他又急忙起床，一头扎入工作室，刻苦攻关。一连几年，他每天只睡四五个小时，全部业余时间都用来勤奋读书、翻阅资料、思考设计、攻读第二外语上。

凭着这种超人的毅力与忘我的精神，罗健夫带领全组同志终于在1982年研制成功我国第一台图形发生器，填补了电子工业的一项空白。三年后，又研制成功Ⅱ型图形发生器，受到全国科学大会的奖励。1982年，他在研制Ⅲ型图形发生器时，不幸被癌症夺去了生命，年仅47岁。

罗健夫在自己有限的生命时间内，实现了为祖国、为人民攻关不止、奋斗终生的誓言。